F. T. Dahl

Spinnen Norddeutschlands

F. T. Dahl

Spinnen Norddeutschlands

ISBN/EAN: 9783743370517

Hergestellt in Europa, USA, Kanada, Australien, Japan

Cover: Foto ©Andreas Hilbeck / pixelio.de

F. T. Dahl

Spinnen Norddeutschlands

Analytische Bearbeitung
der
Spinnen Norddeutschlands
mit einer anatomisch-biologischen Einleitung.

Von

Friedr. Dahl,
stud. phil.

Mit zwei lithographirten Tafeln.

(Separatabdruck aus den Schriften des naturwissenschaftlichen Vereins
für Schleswig-Holstein. 5. Bd., 1. Hft.)

Kiel.
Druck von Schmidt & Klaunig.
1883.

Einleitung.

Wir besitzen noch keine Schrift, welche ein leichtes und sicheres Bestimmen der einheimischen Spinnen ermöglicht. Sowohl Ohlert[1]) als auch Schlechtendal[2]) legen zuviel Gewicht auf die Farbe, die gerade bei den Spinnen ganz ausserordentlich wechselt. In beiden Büchern fehlen ausserdem einige unserer häufigsten Arten und auch in dem letzteren ist die neuere Literatur gänzlich unberücksichtigt geblieben. Ich glaube daher, denjenigen, welche sich in unserer Provinz mit dem Sammeln dieser höchst interessanten Thiere beschäftigen, einen Dienst zu erweisen, wenn ich ihnen nachfolgende Tabellen zum Bestimmen vorlege. Die Tabellen wurden schon beim Sammeln nach den Werken von Hahn und Koch[3]), Westring[4]) und Menge[5]) ausgearbeitet, und sind dann nach den Werken von Blackwall[6]), L. Koch[7]), Thorell[8]) und Cambridge[9]) sowie nach eigenen Beobachtungen verbessert und vervollständigt.

Zur Bestimmung ist, einige Erigone-Arten vielleicht ausgenommen, nur eine gute Lupe erforderlich. Jeder Gattung habe ich eine Tabelle zum Bestimmen nach der Farbe vorangestellt. Da jedoch nur die Feststellung einer Art nach Formverschiedenheiten

---

[1]) Ohlert, Araneiden der Provinz Preussen. Leipz. 1867.
[2]) Schlechtendal, die Gliederfüssler mit Ausschluss der Insecten. Leipz. 1881.
[3]) Hahn und Koch, Die Arrachniden. Nürnberg 1831—48.
[4]) Westring, Araneae Suecicae descriptae. Göthob. 1861.
[5]) Menge, Preussische Spinnen. In .Schrift. d. naturf. Gesellsch. in Danzig. 1866—79.
[6]) Blackwall, Nat. hist. of Spiders London 1860—63.
[7]) L. Koch, Die Arachnidenfamilie der Drassiden. Nürnberg 1866—68.
— — Arachnidengattung Amaurobius etc. In: Abh. d. naturhist. Ges. zu Nürnberg. 1868
[8]) Thorell, On European Spiders. Upsala 1869—70.
— — Remarks on Synonyms of European Spiders. Upsala 1870—73.
[9]) Cambridge, Descript. of s. Brit. Spid. In: Trans. of the Linn. Soc. Lond. 1871.
— — On some new species of Erigone. In: Proceed. of scient. meet. of zool. Soc. of Lond. 1875.

sicher ist, so habe ich die Arten nach Formunterschieden gruppirt. Die angegebene Grösse ist etwa die mittlere. Von den in der norddeutschen Ebene gefundenen Arten habe ich nur einige seltene, mir bisher unbekannt gebliebene, ausgelassen. Alle in unserer Provinz gefundenen sind durch gesperrten Druck ausgezeichnet. Bei seltenen Arten ist der Fundort angegeben. Einige Arten, die ich in der mir zugänglichen Literatur nicht beschrieben fand, habe ich neu benannt. Eine Erklärung der im Text gebrauchten Abkürzungen findet man den Erklärungen der Tafeln vorangestellt.

In der Nomenclatur bin ich im Allgemeinen den Resultaten der scharfsinnigen Untersuchungen Thorells gefolgt. Auch das System desselben habe ich angenommen, weil es im Allgemeinen die Gattungen richtig gruppirt. Nur die Gattung Pholcus scheint mir wegen der Tracheen in keine Unterordnung hineinzupassen, deshalb habe ich für sie die Unterordnung Plagitelariae aufgestellt. Vielleicht werden auch noch die Cribellata Bertkau's[1]) als Unterordnung zusammenzufassen sein. Das ganze System Bertkau's konnte ich indessen nicht aufnehmen. Will man eine Zweitheilung vornehmen, so ist die frühere in Tetrapneumones und Dipneumones entschieden besser; denn es kommt als zweites durchgehendes Merkmal die nach unten einschlagbare Mandibelklaue hinzu. Das zweite von Bertkau gegebene Merkmal, die Ringform der Geschlechtsdrüsen trifft nicht zu, da z. B. schon die Ovarien von Tegenaria domestica noch kurz vor der Reife des Thieres einen vollkommen gleichmässigen Ring bilden.

Anatomischer Bau der Spinnen.

Aeusserer Bau. Der Spinnenleib zerfällt in Kopfbrust (cephalothorax) oder Thorax und Hinterleib (abdomen).

Der Thorax wird oben von dem grösseren Brustrücken und unten von dem kleineren Brustschild (sternum) begrenzt. Zwischen beiden sind vorn und an den Seiten die Mundtheile und Beine eingelenkt. Die Mundtheile bestehen aus Mandibeln, Unterkiefern (maxilla), Ober- und Unterlippe (Fig. 2). Die Mandibeln haben eine bewegliche Klaue. An den Unterkiefern sind die Taster eingelenkt, welche aus 5 Gliedern bestehen. Im weiblichen Geschlecht trägt das Endglied oft eine gezähnte Kralle. Beim Männchen ist dasselbe stark erweitert und oft sehr complicirt gebaut. Die Beine (Fig. 1.)

---

[1]) Bertkau, Versuch einer natürlichen Anordnung der Spinnen. In: Arch f. Naturgeschichte. Berlin 1878.

bestehen aus Hüfte (coxa), Schenkelring (trochanter), Schenkel (femur), Knie (patella), Schiene (tibia) und zwei Tarsengliedern, dem Metatarsus und Tarsus. Am Tarsus sind zwei gekrümmte Krallen (ungues) eingelenkt, zu denen bei den Netzspinnen noch eine kurze Vorkralle hinzukommt. Bei den übrigen Spinnen ist letztere durch Haare verdrängt, die am Ende erweitert und zertheilt sind, durch Drüsen feucht erhalten werden und zum Besteigen glatter Wände dienen (Fig. 28 h). Neben dem Haarschopf sind, wenn die Spinne dennoch ein Wohngewebe spinnt, an der Unterseite der Tarsen verdickte, bewegliche Haare (scopula) (Fig. 28 sk) vorhanden. Ausserdem kommen an den Beinen noch Schutzhaare, Stacheln, Fühlborsten und Hörhaare vor (vgl. Fig. 28). Vorne auf den Thorax befinden sich 8 (selten 6) Augen, deren Stellung bei den Gattungen sehr wechselt. Der Thorax ist durch einen dünnen Stiel mit dem **Hinterleibe** (Fig. 2) verbunden. Dieser trägt an seinem hintern Ende die 6 Spinnwarzen, welche aus 1—3 Gliedern bestehen. Vor den Spinnwarzen befindet sich bei manchen Arten noch eine quergestellte Spinnplatte (cribellum) (Fig. 4 cr). Alle Arten, welche diese besitzen, haben zugleich am Metatarsus des 4. Beinpaares zwei Reihen beweglicher Haare (calamistrum). Unten in der Nähe des Stieles befindet sich die Geschlechtsöffnung, die beim ausgebildeten Weibchen mit characteristischen Chitinleisten umgeben ist. Neben der Geschlechtsöffnung sind die Einführungsgänge zu den Tracheen. Oft findet sich entweder auf der Mitte des Bauches (Fig. 2 Tch) oder vor den Spinnwarzer eine weitere, deutliche Querspalte, die zu Tracheen führt.

Innerer Bau.[1]) Zwischen den Unterkiefern beginnt der Nahrungskanal[2]) mit dem senkrecht aufsteigenden Schlunde (pharynx) (Fig. 23 Sl). Die vordere Wand desselben zeigt eine röhrenförmig verschliessbare Rinne, welche oben in die Speiseröhre einmündet. Die Speicheldrüsen sind in Giftdrüsen umgewandelt; sie liegen im Thorax und münden an der Oberseite der Mandibelklaue nahe vor der Spitze nach aussen. In der Oberlippe befindet sich vorn ein drüsiger Spalt, welcher mit Haaren umstellt ist. Diese Einrichtung dient vielleicht nur zum Reinigen der Füsse, da man die Spinnen oft zu diesem Zweck ihre Füsse zwischen den Mandibeln hindurch führen sieht.

---

[1]) Treviranus, über den innern Bau der Arachniden. Nürnb. 1812.
Brandt, Recherches sur l'anatomie des Araignées. In An. d. Sciene. nat. Paris 1880.
Wasman, Beiträge zur Anatomie der Spinnen. In: Abh. d. naturw. Vereins in Hamburg. 1846.
Grube, Einige Resultate etc. In Müllers Archiv. 1841.
Schimkevitsch, Sur l'anatomie de l'Epeire. In Zool. Anzeiger. Leipz. 1881.
[2]) Plateau, Recherches sur la structure de l'appareil digestif chez les Aranéides dipneumones. In Bull. de l'Ac. roy. de Belg. Brux. 1877.

In den Unterkiefern finden sich beim Männchen eigenthümliche Drüsen (Fig. 25 dr), welche zur Anfeuchtung des Samens in den Tasterkolben dienen.

Die Speiseröhre (oesophagus) geht bogenförmig nach hinten und ist vorn durch zwei Muskeln (Fig. 23 m' und m'') verschliessbar. Hinten mündet sie in den Saugmagen (Sm) ein, der auf einer festen Platte (Sk) ruht. Zwei seitliche an die Platte sich ansetzende und ein oberer Muskel können den Raum des Magens vergrössern (Fig. 24 Sm). Dann schliesst sich die Speiseröhre und nun wird die Platte (sk) durch andere Muskeln (Fig. 24 m) nach oben gezogen und der Inhalt in den nachfolgenden Magentheil gepresst. Dieser entsendet einen sich gabelnden Ausläufer nach oben und vorn. Die Arme der Gabel vereinigen sich bei manchen Spinnen vor dem obern Muskel des Saugmagens und schliessen diesen ein. Nach der Einlenkung eines jeden Beines entsenden sie einen seitlichen Blindsack. Bei manchen Arten biegen diese in den Hüften um, stossen in der Mitte der Brust unter dem Bauchmark zusammen und laufen schliesslich neben einander nach vorn. Dieser auf den Saugmagen folgende Theil des Nahrungskanals dient als Reservoir. Zwischen dem Bauchmark und der untern Brustplatte befindet sich eine lockere, mit Blut durchtränkte Gewebemasse, welche bei Füllung des Magens zusammengepresst wird. (Der Thorax ist nicht dehnbar). Hinter der obern Abzweigung tritt der Nahrungskanal in den Hinterleib ein. Hier erweitert er sich wieder und nimmt die Ausführungsgänge einer grossen Drüse, der sog. Leber auf, welche sämmtliche Organe des Hinterleibes einhüllt. Nahe vor dem After, welcher am Ende des Hinterleibes liegt, bildet der Darm eine starke, blinddarmartige Erweiterung, in welche die Ausführungsgänge der weit verästelten Harnorgane, der sog. Malpighischen Gefässe einmünden.

Unmittelbar unter dem After befinden sich die Spinnwarzen,[1]) an deren Ende und zum Theil auch Unterseite, die Ausführungsgänge der Spinndrüsen einzeln in feinen Röhren münden. (Fig. 27). Die Spinndrüsen, welche bei den Radspinnen am besten entwickelt sind, nehmen oft einen grossen Theil des Hinterleibes ein. Man unterscheidet grössere, baumartig verästelte und ampullenförmige, und kleine, schlauch- und birnförmige. Je nach ihrer Grösse münden sie in verschieden grossen Spinnröhren aus (Fig. 27 Sd). Das Cribellum[1])

---

[1]) Meckel, Mikrographie einiger Drüsenapparate. Müllers Archiv. 1846.
Buchholz und Landois, Anatom. Unters. über den Bau der Arachniden. Müllers Archiv. 1868.

[2]) Blackwall, Notice of serveral recent etc. In: Trans. of Linn. Soc. of Lond. 1883.
Bertkau, Ueber das Cribellum und Calamistrum. In: Archiv für Naturg. 1882.

(Fig. 4 cr) welches sich bei manchen Arten unter den Spinnwarzen befindet, trägt ebenfalls kleine Ausführungsröhren von Spinndrüsen. Die Spinnröhrchen zählen oft nach Hunderten, auf dem Cribellum sogar nach Tausenden. Ein Spinnfaden ist also aus sehr vielen feinen Fädchen zusammengesetzt und muss deshalb einerseits eine grosse Gleichmässigkeit zeigen und andererseits leicht an der Luft erstarren. Nur das Sekret der Cribellumdrüsen und gewisser Drüsen der Radspinnen bleibt klebrig.

Das Nervensystem besteht aus einem obern Schlundganglion Fig. 23 Sg) und einem unterm Schlundganglion, welches mit den übrigen Bauchganglien zu einer Masse, dem Bauchmark, verschmolzen ist (Bm). Das obere Schlundganglion entsendet Nerven zu den Augen und Mandibeln, das Bauchmark zu den Tastern und Beinen und vom hintern Ende zu den Organen des Hinterleibes.

Von Sinnesorganen sind zuerst die fast senkrechten Tasthaare, die auf Nervenendigungen stehen, zu erwähnen. (Fig. 28 b). Ausser diesen finden sich namentlich auf den Schienen, bei freilebenden Arten aber auch auf den beiden Tarsengliedern in grösserer Zahl vorkommende, zarte, äusserst bewegliche Haare (Fig. 28 a), die in einer becherförmigen Vertiefung stehen (Fig. 17). Sie bilden das Gehörorgan. Wenn man einen tiefen Ton auf der Geige anstreicht, so kann man die grösseren bei etwa 600 facher Vergrösserung deutlich schwingen sehen. Nach dem Grunde eines jeden Gliedes hin werden sie kürzer (sehr regelmässig bei Coelotes, Epeira u. A.) und werden also wohl die Unterscheidung verschiedener Töne ermöglichen. Die 8 (selten 6) Augen vorne auf dem Torax sind einfach, und bestehen aus der Linse, einer Verdickung der Innenseite der Chitinhülle und der dahinterliegenden Retina (Fig. 23 Au). Sie stehen auf kleinen Hervorragungen, und dadurch sind ihre Axen nach verschiedenen Seiten gerichtet.

Das Herz[1]) ist spindelförmig und liegt an der Rückenseite des Hinterleibes (Fig. 26 Hz). Es treibt durch eine vordere Aorta das Blut in den Thorax. Die Aorta theilt sich in zwei Arme, welche Verzweigungen an Gehirn, Mundtheile und Augen und bis in die Endglieder der Beine entsenden. Durch andere Arterien, welche unten und hinten aus dem Herzen entspringen, werden die Organe des Hinterleibes mit Blut versorgt. Das venöse Blut fliesst in sog. Lakunen, das sind weite nicht durch eigene Wandungen abgegrenzte Blutgefässe,

---

[1]) Leydig, Zum feinern Bau der Arthropoden. In: Müllers Archiv. 1855.

Claparède, Études sur la circulation du sang etc. In: Mém. de la Soc. de Phys. et d'Hist. nat. de Genève. 1863.

an der Unterseite des Körpers von hinten und vorn zu den Tracheen, umspült diese und fliesst dann zurück in einen das Herz umgebenden Sack (pericardium). Aus diessem wird es durch paarige Spaltöffnungen wieder in das Herz aufgenommen.

Als Athemorgane[1]) sind bei allen Spinnen fächerförmige Tracheen vorn an der Unterseite des Hinterleibes vorhanden. Die in dieser Schrift berücksichtigten Gattungen besitzen, mit Ausnahme von Pholcus, hinter dem einen Paar Fächertracheen auch Röhrentracheen. Die letzteren münden entweder unmittelbar hinter den Fächertracheen (Dysderiden) oder in der Mitte des Bauches (Anyphaena und Argyroneta) oder gewöhnlich nahe vor den Spinnenwarzen. Es sind einfache oder verästelte Röhren.

Die Geschlechtsorgane[2]) bilden zwei Schläuche, die hinten oft zu einem Bogen verschmolzen sind. Die Ausführungsgänge vereinigen sich kurz vor der Geschlechtsöffnung. Vor der letzteren befinden sich beim Weibchen zwei (selten eine) Samentaschen (receptacula seminis). Als Uebertragungsorgan des Samens dient der männliche Taster. Das eigentliche Endglied ist mehr oder weniger verbreitert und trägt in einer Höhlung den zum Uebertragungsorgane umgewandelten Theil. Es ist ein schlauchförmiger Samenbehälter mit feinem Ausführungsgang (Fig. 29), der bisweilen noch eine kleine, runde Blase trägt. Behälter und Kanal sind von einem Gewebe eingeschlossen, welches gewöhnlich mehrere Haken und Kämme zum Festhalten der weiblichen Geschlechtsorgane trägt. Der Kanal mündet in einem Vorsprung aus.

Die systematische Stellung der Spinnen.

Die Spinnen gehören zum Typus der Arthropoden oder Gliederfüssler und stehen als solche den Wirbelthieren namentlich durch äuseres Chitinskelet und die Lage des Hauptnervenstranges an der Bauchseite gegenüber. Von allen Würmern etc. unterscheiden sich die Arthropoden durch die gegliederten Füsse. Von den übrigen Arthropodenclassen unterscheidet sich die Classe der Arachnoiden oder Spinnenthiere durch die Verwachsung von Kopf und Thorax und durch die 4 Beinpaare. Unter den Arachnoiden steht wieder die Ordnung der Araneen oder Spinnen durch die Spinnwarzen einzig da. Sie sind unter diesen die höchst organisirten.

---

[1]) Bertkau, Ueber die Respirationsorgane der Araneen. In: Archiv für Naturgesch. 1872.
[2]) Bertkau, Der Generationsapparat der Araneiden. In: Archiv für Naturgesch. 1875.

Die Lebensweise der Spinnen.

Das Leben der Spinnen[1]) bietet so Mannigfaltiges und so viel Eigenthümliches dar, dass dieselben entschieden zu den interessantesten Thieren gehören. Mögen hier nur einige Anleitungen zur Beobachtung ihrer Lebensweise folgen.

Eine grosse Anzahl von Spinnen macht ein Fanggewebe, das entweder rad-, decken- oder trichterförmig ist. Als die vollkommenste Form kann man wohl das Radnetz der Radspinnen ansehen und auf dieses gehe ich deshalb etwas näher ein. Die Herstellung desselben dauert nur etwa eine Stunde, und erfolgt unter denselben Verhältnissen und bei derselben Art immer fast in derselben Weise; zwischen zwei Bäumen z. B. etwa folgendermassen. Der erste Faden wird mit erhobenem Hinterleibe aus mehreren Röhren der Spinnwarzen hervorgepresst, und dieser muss, wenn er vom Luftzuge fortgetrieben an einem Gegenstande haftet und der Spinne als passend erscheint, das ganze Gewebe tragen. Es wird gehörig verstärkt und unter ihm zunächst ein Vieleck angelegt indem der zu ziehende Faden immer mit den Hinterfüssen gehalten und an der passenden Stelle angeheftet wird. Mitten durch das Vieleck wird ein Faden von oben nach unten gezogen und der Halbirungspunkt desselben durch radiäre Fäden mit dem Umfang verbunden. Schliesslich werden zwischen diesen Speichen spiralig fortlaufende Querfäden gezogen. Die Querfäden unterscheiden sich von allen andern dadurch, dass sie sehr elastisch und mit kleinen klebrigen Tröpchen besetzt sind. Man sieht diese Tröpfchen sehr hübsch mit blossem Auge, wenn der Thau daran hängt. Nur unmittelbar um den Mittelpunkt ist eine Decke von trockenen Fäden auf welcher die Spinne sitzt um auf Beute zu lauern. Einem grösseren Insekt, welches in das Netz geräth wird zunächst ein Biss mit der Mandibelklaue versetzt, und erst nach dem das Thier durch die Wirkung des Giftes ermattet ist, wird es umsponnen und ausgesogen. Gefährliche Insekten, wie Wespen etc. sucht die Spinne durch Abbeissen von Fäden aus dem Netze zu befreien. Manche Arten haben neben dem Netze eine Wohnung, die durch Fäden mit demselben in Verbindung steht.

Eine grosse Anzahl von Spinnen verfertigt keine Fanggewebe. Unter ihnen sind einige, wenig lebhaft gefärbte Arten nächtliche

---

[1]) Menge, Ueber die Lebensweise der Arachniden. In: Schriften der naturf. Ges. in Danzig. 1843.

— — Preussische Spinnen. Ebenda. 1866—79.

Blackwall, Researches into the structure etc. In: Ann. and Mag. of Nat. Hist. London 1843.

Herrmann, Ungarns Spinnenfauna. Budapest 1876—79.

Räuber (Clubiona, Drassus etc.). Andere leben von kleinen Springschwänzen etc. unter Laub und Moos (Erigone, Zora, Euophrys etc.) Die meisten aber laufen umher, suchen sich ihrer Beute unbemerkt zu nähern und haschen sie dann gewöhnlich im Sprunge. Dies wird ihnen oft durch eine sehr genaue Anpassung ihrer Färbung an die der Umgebung erleichtert. Misumena kann sogar die Farbe verändern, indem sie auf weissen Blumen weisslich, auf gelben grünlichgelb erscheint. Ganz eigenthümlich ist die Lebensweise der Wasser- oder Taucherspinne[1]) (Argyroneta). Unter der dichten Haardecke wird Luft zur Athmung eingeschlossen, genau so wie an einem eingetauchten Sammetläppchen eine Luftschicht haftet. Zwischen untergetauchten Wasserpflanzen wird, ähnlich einer Taucherglocke ein oben geschlossenes Wohngewebe angelegt, welches mit abgestreifter Luft gefüllt wird. Ebenso wird das auch im Wasser befindliche Eiernestchen mit Luft gefüllt. Die Nahrung besteht in Wasserasseln.

Bis zur letzten (meist 4ten) Häutung sind Männchen und Weibchen dem ausgebildeten Weibchen ähnlich gefärbt und gestaltet. Bis dahin werden verlorene Glieder bei der nächsten Häutung ersetzt. Mit der letzten Häutung werden die Spinnen geschlechtsreif. Das Weibchen erhält dann dunkle Chitinleisten und Anhänge an den Geschlechtstheilen. Das Männchen wird schlanker und seine Spinnorgane erfahren vielfach eine Reduction. Dafür treten aber an Vorderbeinen und Tasterngliedern meist Verdickungen und Haken auf, und namentlich das letzte Tasterglied nimmt die oben (S. 8) beschriebene Gestalt an. Ein eigenthümliches Beispiel von sekundären Geschlechtsunterschieden liefern die Männchen mancher Theridiiden, indem der Kopf starke Hervorragungen zeigt. Meistens befinden sich Augen auf denselben (z. B. Erigone acuminata). Bei andern, nahe verwandten Arten aber stehen sie zwischen den Augen (E. antica, diceros etc.). Sie können also wohl nur durch geschlechtliche Zuchtwahl entstanden sein. Nachdem das Männchen geschlechtsreif geworden ist, spinnt es eine kleine Decke, legt sich mit dem Bauche darauf und rutscht hin und her, bis ein Samentröpfchen aus der Geschlechtsöffnung auf die Decke tritt, von der es dann abwechselnd mit den Tastern aufgetupft wird. Nun nähert es sich vorsichtig dem Weibchen. Die Vorsicht ist deshalb nöthig, weil das Weibchen, welches mit wenigen Ausnahmen (Pachygnatha, Tetragnatha etc.) grösser und stärker ist als das Männchen, wenn es nicht zur Begattung geneigt ist, dasselbe oft packt und verzehrt. Ist das Weibchen geneigt, so wird der Same abwechselnd mit den Tastern in die Samentaschen übertragen, nachdem er

---

[1]) Plateau, Observations sur l'Argyronète. In: Ann. des Scienc. nat. 1867.

in den Maxillardrüsen angefeuchtet ist. Die Begattung dauert stundenlang. Auch nach derselben wird das Männchen, wenn es sich nicht schleunigst entfernt, oft verzehrt. Es hat eben jetzt seinen Zweck erfüllt und stirbt auch ohne dies bald.

Für die Eier spinnt das Weibchen ein oder mehrere Nestchen von oft zierlicher Gestalt und zwar aus einem besonderen Spinnstoff. Das Eiernestchen wird von der Mutter bis zum Ausschlüpfen der Jungen oder, wenn die Eier überwintern, bis zu ihrem Tode bewacht. Sie liegt entweder darüber ohne Nahrung aufzunehmen oder trägt es mit sich umher (Lycosidae, Pholcus u. A.). Manche Spinnen sorgen auch noch für ihre Jungen, indem sie sie entweder auf dem Hinterleibe umhertragen (Lycosidae) oder ihnen Futter vorlegen (Theridium). Das Fanggewebe der jungen Thiere ist, wenn auch weniger umfangreich, doch gleich anfangs genau ebenso gestaltet als das der alten. Die Herstellung ist also eine ererbte Kunstfertigkeit.

Die Lebensdauer der Spinnen ist im Durchschnitt nicht über ein Jahr, nur Arten, die an geschützten Orten, in Häusern, unter loser Rinde, Moos und Steinen leben, können einige Jahre alt werden (Segestria u. A.). Die einjährigen Spinnen überwintern entweder als Ei oder im halberwachsenen Zustande an geschützten Orten. Bei manchen Arten kommt sowohl die eine wie die andere Ueberwinterungsart vor. In diesem Falle sind die überwinternden Thiere oft anders gefärbt und haben zur Aufstellung besonderer Species Anlass gegeben (Micrommata ornata).

Bei Spinnen, die auf flachem Felde, namentlich auf Wiesen leben, stellt sich im Spätsommer ein Trieb ein, Fäden mit erhobenem Hinterleibe in die Luft zu spinnen. Die Wiesen erscheinen dann oft weiss von jenen Fäden. Dieselben dienen dazu, die Spinnen in die Luft zu erheben und an geschützte Orte zu tragen (fliegender Sommer). Der Trieb zeigt sich namentlich bei freilebenden Spinnen (Erigone, Pachygnatha, Lycosidae, Thomisidae).

Uebersicht der Unterordnungen.

I. Augen in 2 Querreihen.
    A. Beine nicht flach ausgebreitet.
        a. Spinnwarzen kurz und zusammengeneigt, etwas an die Unterseite des Hinterleibes gerückt, dieser gewöhnlich rund.
           α. Die vordere Augenreihe nahe am Kopfrande. Orbitelariae.

β. Die Augen vom vordern Kopfrande entfernt. Retitelariae.
b. Spinnwarzen am Ende des Hinterleibes, der meist länglich ist.
α. Mit Röhrentracheen hinter den Fächertracheen. Tubitelariae.
β. Nur mit Fächertracheen.
* Zwei Paar Fächertracheen. Territelariae.
** Nur ein Paar ausgebildete Fächertracheen. Plagitelariae.
B. Beine flach nach den Seiten ausgebreitet. Laterigradae.
II. Augen in drei oder vier Querreihen.
A. Die vordern Augen am kleinsten. Citigradae.
B. Die vordern Augen am grössten. Saltigradae.

Tabelle zur Bestimmung der Unterordnungen.

1. Die vier Augen der vordern Reihe im Viereck an der Vorderseite des Kopfes. — Oxyopes (Citigradae). (S. 56).
— vordere Augenreihe gerade oder schwach gebogen. 2.
2. Die hintere Augenreihe, senkrecht von oben gesehen, in der Mitte nach vorn gebogen. (Fig. 15, 5 und 6). 3.
— — — gerade oder nach hinten gebogen. 11.
3. Das vordere Seitenauge fast ebensoweit oder weiter vom hintern Seitenauge als vom vorderen Mittelauge entfernt (bei Hyptiotes sehr klein). 4.
— — — wenigstens doppelt so weit vom vordern Mittelauge als vom hintern Seitenauge entfernt (bei Segestria nur 6 Augen). 11.
4. Die vordern Mittelaugen bei weitem die grössten, an der Vorderseite des Kopfes. (Fig. 5). — Saltigradae. (S. 63).
— — — nicht grösser als die andern. 5.
5. Die obern Spinnwarzen wenigstens halb so lang als der Tarsus des 4. Beinpaares. — Textrix (Tubitelariae). (S. 50).
— — — weit kürzer als die Hälfte des Tarsus. 6.
6. Die hintere Augenreihe, von oben gesehen, weit stärker gebogen als die vordere. (Fig. 20). 7.
— — — wohl länger, aber weniger stark gebogen als die vordere. (Fig. 18). 8.
7. Die Schienen der Vorderfüsse mit wenigstens 8 Paaren langer Stacheln. — Zora (Tubitelariae). (S. 49).

Die Schienen der Vorderfüsse mit weniger als 8 Stachelpaaren. — Citigradae. (S. 50).[1])

8. Der Hinterleib stark gewölbt, oben mit zwei Höckern. — Hyptiotes (Orbitelariae). (S. 14).
— — nicht gewölbt, ohne Höcker. 9.

9. Der Hinterleib lang eiförmig. (Fig. 18). 10.
— — flach, taschenförmig. (Fig. 15 und 16). — Laterigradae. (S. 57).

10. Die Schienen des zweiten Beinpaares ein wenig länger als die des ersten. — Thanatos (Laterigradae). (S. 58).
— — — — — kürzer als die des ersten. — Argyroneta und Gnaphosa (Tubitelariae). (S. 39).

11. Der Metatarsus des 4. Beinpaares länger als der des ersten. 12.
— — — — — kürzer als der des ersten, bisweilen fast gleich diesem. 16.

12. Die vordern Seitenaugen mit einem wenigstens doppelt so grossen Durchmesser als die vordern Mittelaugen, alle Augen rund. — Micrommata (Laterigradae). (S. 57).
— — — höchstens gleich den Mittelaugen oder nur 6 Augen vorhanden. 13.

13. Die vordern Mittelaugen etwa um die Länge des Mittelaugenfeldes (die Augen eingerechnet) vom Vorderrande des Kopfes entfernt. 14.
— — — bei weitem nicht um die Länge des Augenfeldes vom Kopfrande entfernt. — Tubitelariae. (S. 39).

14. Die Höhe des Kopfes mit dem Augenfelde (von vorn gesehen) über halb so gross als die Länge der Mandibeln. 15.
— — — — nicht halb so hoch als die Mandibeln. — Tubitelariae. (S. 39).

15. Um den vorragenden Vorderrand des bunten Hinterleibes stehen kleine, schwarze Höckerchen. — Cercidia (Orbitelariae). (S. 20).
— — Vorderrand des Hinterleibes keine Höckerchen. — Retitelariae. (S. 22).

16. Die vorderen Mittelaugen nicht um doppelte Augenbreite vom scharfen Kopfrande entfernt. 18.
— — — viel weiter vom Kopfrande entfernt. 17.

17. Die Beine sehr lang, der Tarsus des ersten Beinpaares am Ende gegliedert. — Plagitelariae. (S. 39).
— — kürzer, der Tarsus der Vorderbeine einfach. — Retitelariae. (S. 22).

---

[1]) Bei Eresus (cinnabarinus. C K.) ist der Brustrücken vorn sehr breit und die vordern Seitenaugen sind sehr weit von den Mittelaugen entfernt.

18. Nur 6 Augen vorhanden. — Segestria (Tubitelariae). (S. 41). 8 Augen vorhanden. 19.
19. Die vordern Mittelaugen einander nicht näher als die hintern. — Orbitelariae. (S. 14).
— — — — weit näher als die hintern. 20.
20. Der Metatarsus des zweiten Beinpaares weit länger als der des vierten. — Meta und Tetragnatha (Orbitelariae). (S. 14).
— — — — kürzer als der des vierten. 21.
21. Die vordern Mittelaugen weit grösser als die hintern, schräg nach unten sehend. — Tapinopa (Retitelariae). (S. 24).
— — — nicht grösser als die hintern. — Tubitelariae. (S. 39).

I. Unterordn. Orbitelariae. Thor.

1. Die h. Ar. in der Mitte sehr stark nach vorn gebogen. — Hyptiotes. (8).
— — — gerade oder etwas nach hinten gebogen. 2.
2. Um den vorragenden Vorderrand des Hl. einige kleine, dicke, schwarze Dornen. — Cercidia. (4).
Vorderrand des Hl. ohne Dornen. 3.
3. Die h. Ma. nicht oder kaum ein wenig weiter von den h. Sa. entfernt als von einander. 4.
— — — viel (meist über zweimal) weiter von den Sa. als von einander entfernt (h. Ar. stets länger als die v. Ar.) 6.
4. Die h. Ar. kürzer als die vordere; Hl. sehr lang. — Tetragnatha. (5).
— — — etwas länger als die vordere; Hl. höchstens $1/2$ mal länger als breit. 5.
5. Unterkiefer länger als breit; (Br. einfarbig, dunkel). — Meta. (7).
— nicht länger als breit; (Br. mit gelbem Mittelfleck). — Zilla. (6).
6. Hl. nach vorn und hinten gleichviel verschmälert, mit glänzender Haut. — Singa. (3).
— vorn viel stumpfer als hinten. 7.
7. Der Hl. hinten mit starkem, kegelförmigen Höcker, der beim ♂ viel kleiner ist, aber doch noch deutlich vorragt. — Cyrtophora. (2).
— — — ohne aufwärtsragenden Höcker, nur selten (E. ceropegia) etwas über die Spinnwarzen vorragend, beim ♂ höchstens abgestutzt. — Epeira. (1).

Fam. **Epeiridae**. Sund. Radspinnen.

1. Epeira. Walck.

1. Hl. jederseits mit deutlichem Höcker. 2.
   — vorn vollkommen gerundet. 6.
2. a. Br. mit einem scharf begrenzten, hellen Mittelfleck. — E. angulata. (3).
   b. — ganz rostgelb; Grösse 4—5 mm. — E. agalena. (14).
   c. — ganz dunkelbraun, das ausgewachsene Thier über 5 mm lang. 3.
3. Vom einen Höcker des Hl. zum andern zieht ein nicht getrennter weisslicher Querfleck oder Streif. 4.
   Hl. vorn mit getrennten weisslichen Flecken oder ohne weisse Zeichnung. 5.
4. Die Schn. wenigstens z. Th. mit dunklem Mittelringe. — E. dromedaria. (1).
   — — alle ohne Mittelring. — E. Nordmanni. (4).
5. Hl. mit einer Reihe länglich runder Flecke. — E. diademata. (5).
   — nur mit 1—3 weissen Flecken in der Nähe des Vorderrandes. — E. arbustorum. (2).
6. Br. schwarz (♂) oder braunschwarz (♀), bisweilen mit scharfbegrenztem, hellen Fleck. 7.
   — gelb oder roth (♀) bis braun (♂). 17.
7. Am Bauche zwischen den beiden hellen Halbmondflecken ein noch hellerer Mittelstreif. — E. ceropegia. (19).
   — — kein weisser Mittelstreif. 8.
8. Schl. mit dunklem Endringe und z. Th. mit einem Mittelringe. 9.
   — oben ohne Spur eines Mittelringes (zuweilen fast ganz dunkel). 10.
9. Hl. mit einer Mittelreihe gerundeter, weisser Flecke. — E. diademata. (5).
   — ohne Fleckenreihe. — E. sollers. (13).
10. Hl. vorne in der Mitte mit einem weissen, hinten erweiterten, dunkel ausgefüllten Dreieck. (Fig. 1) oder der Brr. sehr dunkel. 11.
    — — — — ohne ein solches Dreieck; der Brr. gelb. 14.
11. Schl. an der Unterseite, beim ♂ auch oben schwarz punktirt. — E. sclopetaria. (11).
    — nicht schwarz punktirt. 12.
12. Brr. rothbraun. 13.
    — an den Seiten fast schwarz. — E. umbratica. (12).
13. Die Schn. nur am Grunde und an der Spitze dunkel. — E. cornuta. (10).
    — — z. Th. auch mit dunklem Mittelringe. — E. patagiata. (9).

14. Schn. nur am Grunde und an der Spitze dunkel. 15.
— — auch mit Mittelring. — E. acalypha. (15).
15. Das blattförmige Rückenfeld des Hl. schmal, bis vorn hin gleich deutlich und tief gezackt. — E. adianta. (18).
— — — — — breit, oft vorn verwischt. 16.
16. Hl. oben mit 4 runden, weissen Flecken, welche hinten einen schwarzen Punkt tragen. — E. quadrata. (7).
— — ohne solche Flecke. — E. marmorea. (6).
17. Schl. nur am Ende dunkel. 19.
— z. Th. auch mit dunklem Mittelringe. 18.
18. Zeichnung namentlich des Hl. schön roth. — E. alsine. (8).
Hl. mit dunkelbraunen Zeichnungen und weissen Flecken. — E. diademata. (5).
19. Hl. grün (selten roth), allenfalls hinten mit paarigen schwarzen Punkten. 20.
— mit braunen Zeichnungen. — E. agalena. (14).
20. Hl. hinten mit 0—2 Paar schwarzen Punkten; Bauch schwarz, mit 4 gelben Flecken. — E. alpica. (16).
— — mit 3—5 Paar Punkten; Bauch grünlich. — E. cucurbitina. (19).

I. Hl. beim ♀ vorn jederseits mit einem sehr spitzen Höcker, der auch beim ♂ deutlich ist.
A. Nur die 1-Hft. des ♂ mit einem Dorn an der Spitze; Gth. des ♀ mit kurzem Anhang.
α. Die v. Ma. etwas weiter von einander entfernt als die h. Ma.; das Augenfeld stark geneigt.
1. E. dromedaria. Walk. Verbreitet; auf Gebüsch, im Winter unter Moos. ♂ 6 mm, ♀ 9 mm.
β. Die Ma. genau im Quadrat oder die v. Ma. ein wenig näher; das Augenfeld senkrecht.
2. E. arbustorum. C K. Auf Gebüsch. Selten.
B. Hinten am Grunde des 2-Hft. des ♂ ein Zahn; die Gth. des ♀ mit langem, meist S-förmig gebogenen Anhang.
α. Der Zahn an den 2-Hft. ist stark. Unmittelbar hinter den Gth. des ♀ befinden sich 2 kleine Höcker.
3. E. angulata. Cl. ♂ 10 mm, ♀ 15 mm. Schl. mit einem Mittelringe. In Waldungen; verbreitet.
β. Der Zahn der 2-Hft. sehr klein. Hinter den Gth. des ♀ keine Höcker.
4. E. Nordmanni. Thor. Selten.

II. Hl. des ♀ höchstens mit schwach angedeudetem Schulterhöcker, beim ♂ immer ganz ohne Höcker.
  A. Die v. Ma. mit ihren Aussenrändern weiter auseinander als die h. Ma.
    α. die 1- oder 2-Schn. des ♂ viel dicker als die andern; Gth. des ♀ mit einem langen, S-förmig gebogenen oder am Grunde stark verdickten Fortsatz; Grösse des ♀ über 9 mm.
      a. Die 2-Schn. des ♂ stark verdickt; Hl. des ♀ nicht viel länger als breit.
        A. die 2-Hft. des ♂ am Grunde hinten mit einem, oft starken Zahne. Der Anhang der Gth. des ♀ am Grunde nicht verdickt.
          a. Am Ende der Tstrk. des ♂ ein kurzer Zahn; Hl. des ♀ vorn mit deutlichen kleinen Höckern.

5. E. diademata. Cl. Kreuzspinne. Die kreuzförmig angeordneten, weissen Flecke des Hl. bei grossen ♀ mitunter verwischt. ♂ etwa 10 mm, ♀ 15 mm doch sehr variirend. Im Herbst in Gebüschen gemein.

          b. Am Ende der Trk. ein langer gebogener Zahn; Hl. des ♀ vorn abgerundet.

6. E. marmorea. Cl. Brr. gelb, meist mit dunklem Mittelstreif. Anhang der Gth. der ♀ sehr lang. Am Grunde des Hl. oben nie ein dunkler Zapfenfleck in der Mitte. Die Zeichnung auf dem Hl. bis vorn hin deutlich (var. marmorea) oder auf der vordern Hälfte fehlend (var. pyramidata). ♂ etwa 10 mm, ♀ 13 mm. In Gebüsch, nicht häufig.

        B. Die 2-Hft. des ♂ am Grunde vollkommen gerundet, Trk. ausser den Zähnen an der Spitze mit einer starken hornigen schwarzen Kralle in der Mitte. Der Anhang der Gth. des ♀ am Grunde stark verdickt.

7. E. quadrata. Cl. Brr. gelb, mit dunklen Längsstreifen. Br. schwarz, in der Mitte mit gelbem Fleck. Hl. mit weissen Zeichnungen auf grauem Grunde. ♂ 7 mm, ♀ 14 mm. An feuchten Orten.

      b. Die 1-Schn. des ♂ verdickt; der Hl. des ♀ lang eiförmig.

8. E. alsine. Walck. Ausgezeichnet durch die schön orangerothe Zeichnung des Hl. ♂ 7 mm, ♀ 9 mm. An sumpfigen Waldstellen. (Das ♂ von E. agalena ist nur 4 mm lang und hat an der Spitze der 1-Hft. einen Zahn).

    β. Die 1- und 2-Schn. des ♂ nicht dicker als die andern; der Anhang der Gth. des ♀ kurz, fast nur am Ende zurückgebogen.

    a. Trk. des ♂ am Grunde mit einem dunklen, spweispaltigen Anhange; Anhang der Gth. des ♀ ziemlich lang und dünn, bedeutend vor der Querspalte entspringend.

      A. Ausser dem wenigstens bis zur Hälfte gespaltenen Anhange der Trk. des ♂ noch ein gestielter, weisslich durchscheinender Lappen; die Gth. des ♀ stark wulstig vorragend.

        a. Der dunkle Anhang der Trk. kurz, bis zum Grunde gespalten; der Anhang der Gth. des ♀ breiter, mit einer Rinne.

9. E. patagiata. Cl. ♂ 6 mm, ♀ 9 mm. Auf Gebüsch.

        b. Der Anhang der Trk. lang und bis zur Hälfte gespalten; der Anhang der Gth. des ♀ schmal und rund.

10. E. cornuta. Cl. (Fig. 1 etc.) ♂ 8 mm, ♀ 10 mm. In kleinen Gespinnsten oben an Wasserpflanzen überwinternd, sehr häufig. (Das ♀ von E. agalena ist nur 5 mm lang und der Hl. tritt vorn an den Seiten fast eckig vor).

      B. Trk. des ♂ ausser dem nicht bis zur Hälfte gespaltenen Anhange ohne Läppchen. Die Gth. des ♀ kaum vorragend.

11. E. sclopetaria. Cl. ♂ 10, ♀ 15 mm. An Brücken und Schilf.

  b. Trk. des ♂ am Grunde mit einfachem Zahn; Anhang der Gth. des ♀ kurz und lappenförmig, unmittelbar über der Querspalte entspringend.

      A. Hl. vorn in der Mitte etwas eingekerbt. Trk. des ♂ mit vielen Fortsätzen.

12. E. umbratica. Cl. Schl. und Schn. oft bis über die Mitte schwarz. ♂ 8, ♀ 11 mm. In Häusern häufig, auch unter loser Rinde.

      B. Hl. vorne abgerundet; Trk. mit einem Zahn. Das 3. und 4. Trgl. des ♂ mit langen Borsten am Ende.

13. E. sollers. Walck. ♂ 4 mm, ♀ 7 mm. Auf Gebüsch im Frühling.

  B. Die v. Ma. mit ihren Aussenrändern nicht weiter auseinander als die h. Ma.

    α. Die 1-Hft. des ♂ unten an der Spitze ohne Zahn. 1-Schn. stark verdickt. Hl. des ♀ am Grunde sehr breit, fast eckig.

14. E. agalena. Walck. ♂ 4 mm, ♀ 5 mm. In Wäldern.

    β. Die 1-Hft. des ♂ unten an der Spitze mit einem Zahne, die 1-Schn. nicht dicker als die andern. Der Hl. des ♀ vorn gerundet.

      a. Die 2-Schn. des ♂ nicht dicker als die übrigen; Hl. des ♀ eiförmig oder gewölbt, kaum über die Spinnwarzen vorragend.

        A. Trk. am Grunde mit einem zweispitzigen Anhange; der Anhang der Gth. des ♀ ruht auf einem brillenförmigen Hornringe.

15. E. acalypha. Walck. Hl. auf der vorderen Hälfte mit einem unterbrochenen, auf der hintern Hälfte mit 3 fast parallelen Mittelstreifen; 1-Schl. hinten schwarz gestreift. ♂ 3 mm, ♀ 5 mm. Auf Gesträuch.

        B. Trk. am Grunde mit einfachem oder ohne Zahn; Gth. des ♀ anders gebaut.

           a. Die Unterseite aller Schl. des ♂ mit Borsten; Gth. des ♀ mit wulstiger Platte, unter welcher der schmale Anhang kaum hervorragt.

              I. Das 4. Trgl. des ♂ nach innen kurz und gerundet erweitert.

16. E. alpica. L. K. Nahe mit der folgenden verwandt.

              II. Das 4. Trgl. des ♂ nach innen länger und spitz erweitert.

17. E. cucurbitina. Cl. Brr. mit schwarzen Seitenrändern oder ganz gelb. ♂ 5 mm, ♀ 7 mm. Auf Gesträuch ziemlich häufig.

           b. Nur die 3- und 4-Schl. des ♂ unten mit einer Borstenreihe. Anhang der Gth. des ♀ weit abstehend, nicht von einer Platte bedeckt.

18. E. adianta. Walck. ♂ 5 mm, ♀ 6 mm. Auf Gesträuch;

  b. Die 2-Schn. des ♂ stark verdickt; Hl. des ♀ lang eiförmig, weit über die Spinnwarzen vorragend.

19. E. ceropegia. Walck. Hl. oben mit schmalem, in den Seiten tief gezackten Laubfleck. ♂ 7 mm, ♀ 10 mm.

2. Cyrtophora. Sim.

C. conica. Pall. Brr. schwarzbraun. 2-Schn. des ♂ verdickt. ♂ 6 mm, ♀ 8 mm. Auf Gesträuch und niedern Pflanzen. Kiel, Dahme.

3. Singa. C K.

1. Brr. ganz dunkelbraun oder schwarz 2.
— wenigstens z. Th. heller gefärbt. 3.
2. Hl. oben braun mit heller Längsbinde und in der Mitte mit Querstrichen. — S. hamata. (1).
— — ganz schwarzbraun. — S. albovittata ♂. (4).
3. Nur der Kopftheil schwarzbraun. 4.
Die dunkle Farbe ausgedehnter. 5.
4. Hl. oben mit drei einfachen gelben Längsbinden. — S. Heri. (2).
— — mit hellen Querbinden. — S. hamata. (1).

5. Hl. wenigstens hinten jederseits mit 1—2 schwarzen Flecken. — S. sanguinea. (5).
— ohne schwarze Flecke. 6.
6. Brr. mit weisser Binde. — S. albovittata ♀. (4).
— ohne weisse Längsbinde. — S. pygmaea. (3).

I. Die v. Ma. kaum um die halbe Länge des Augenfeldes vom Stirnrande entfernt; weiter von einander als d. h. Ma.
   A. Die 1-Schn. unten mit 2 Längsreihen starker Stacheln; 2-Schn. des ♂ dicker als die andern.
1. S. hamata. Cl. ♂ 5 mm, ♀ 7 mm. Auf niedern Pflanzen.
   B. Die 1-Schn. unten ohne Stachelreihen, 2-Schn. des ♂ nicht verdickt.
2. S. Heri. Hahn. ♂ 4 mm, ♀ 6 mm. An Uferpflanzen.
II. Augenfeld fast um seine Länge weiter vom Stirnrande entfernt, vorn nicht breiter.
   A. Anhang der Trk. des ♂ dünn und gebogen; Augenfeld des ♀ vorn nicht schmäler.
      α. Grösse 5 mm.
3. S. pygmaea. Sund. Hl. oben mit 3, mehr oder weniger vollständigen, gelblichen Längsstreifen. Auf Gras an sumpfigen Orten.
      β. Grösse 3 mm.
4. S. albovittata. Westr. Auf niedern Pflanzen in Wäldern.
   B. Anhang der Trk. des ♂ stark, wenig gebogen, Augenfeld des ♀ vorn schmäler.
5. S. sanguinea. C K. 4 mm. Auf Waldblössen an niedern Pflanzen.

4. Cercidia. Thor.

C. prominens. Westr. Hl. längs der Mitte mit gelbem Fleck; an jeder Seite mit 2—3 dunklen Querstrichen. ♂ 4 mm, ♀ 5 mm. In Wäldern auf Tannen und niedern Pflanzen, im Winter unter Moos.

5. Tetragnatha. Latr.

T. extensa. L. An ihrer lang gestreckten Gestalt kenntlich. Variirt sehr in Form und Farbe. An Ufern und in Wäldern.
   A. Br. einfarbig, Ma. weiter getrennt als die Sa.
      a. Vor dem grossen Dorn der Mandibeln des ♂ an der obern Seite ein kleiner Vorsprung. — var. T. Solandri. Scop.
      b. An der bezeichneten Stelle ein scharfer Zahn. — var. T. obtusa. C K.
   B. Br. schwarzbraun, in der Mitte mit gelbem Fleck.

a. 8—9 mm, Brustfleck dreieckig, der Zahn der Mandibeln gekeult. — var. T. extensa. L.
b. Kleiner, Brustfleck schmal, der Zahn der Mandibeln spitz. — var. T. pinicola. L K.

6. Zilla. C K.

1. Die schwarzen Flecke vorn an den Seiten des Hl. aussen rothbraun begrenzt. — Z. atrica. (2).
— — — — am Hl. hell begrenzt. 2.
2. Rückenfeld des Hl. in der Mitte mit einem aus Flecken gebildeten Längsstrich. — Z. Stroemi. (1).
— — — ohne Mittelstreif. — Z. x-notata. (3.).

I. Das 3. Tstrgl. des ♂ mit einem, das 4. mit wenigstens 4 starken Stacheln; Gth. des ♀ mit einem langen Anhange.
1. Z. Stroemi. Thor. ♂ 4 mm, ♀ 5 mm. Unter Baumrinde.
II. Das 3. und 4. Trgl. des ♂ allenfalls mit 1—2 feinen, haarförmigen Borsten; Gth. des ♀ ohne langen Anhang.
 A. Das 4. Trgl. des ♂ so lang als das 2.; Gth. des ♀ hinter dem stumpfen schwarzen Anhange mit gelber Schwiele.
2. Z. atrica. C K. Das 2. und 4. Glied der langen Tr. des ♂ aussen mit gereihten Haaren. ♂ 7 mm, ♀ 9 mm. Unter Steinen und in Häusern.
 B. Das 4. Trgl. des ♂ viel kürzer als das 2.; Gth. des ♀ nur mit stumpfem, schwarzen Anhange.
3. Z. x-notata. Cl. ♂ 7 mm, ♀ 9 mm. An Mauern und in Häusern, gemein.

7. Meta. C K.

1. Mittelstreif des Brr. sich von der Rückengrube nach vorn in 2 parallele Aeste theilend; Schl. braun geringelt. — M. segmentata. (1).
— — — nicht mit langen, parallelen Aesten; Schl. in der Mitte und am Ende schwarz geringelt. 2.
2. Mittelstreif des Brr. vorn zwei eiförmige helle Flecke umschliessend. — M. Merianae. (2).
— — — ohne helle Flecke. — M. Menardi. (3).

I. Der 1-Mts. nur mit 3—4 Stacheln in der Nähe der Basis.
1. M. segmentata. Cl. Auf Gebüsch sehr gemein. In Farbe und Grösse sehr veränderlich. Der dunkle Mittelstreif des Brr. oft ausgedehnter und vorne gelbe Flecke einschliessend. Hl. mit unregel-

mässig begrenztem, braun bis roth gezeichneten, laubförmigen Rückenfelde, worin vorne meist weisse Flecke sich befinden. ♂ 7 mm, ♀ 8 mm. (Nahe verwandt ist die kleinere M. Mengei. Bl., doch trägt der haarlose Anhang an der Trk.-Hülle des ♂ nicht am Grunde sondern in der Mitte einen Zahn und die Gth. des ♀ sind nicht deutlich dreilappig.)

II. Ausser den 3—4 Stacheln an der Basis des 1-Mts. noch mit 1—2 Stacheln in der Mitte.

   A. Kopf mit 2 Grübchen; in der Mitte des 1-Mts. 2 Stacheln.

2. **M. Merianae.** Scop. Zeichnungen derjenigen von M. segmentata ähnlich aber viel dunkler; auch die Grösse dieselbe. In Häusern; in Kiel von Herrn Zietz gefunden.

   B. Kopf ohne Grübchen; 1-Mts. nur mit einem Stachel vorn, nahe der Mitte.

3. **M. Menardi.** Latr. ♂ 6 mm, ♀ 9 mm. In Kellern.

Fam. Uloboridae. Bertkau.
8. Hyptiotes. Walck.

H. paradoxus. C K. Brr. sehr breit, die h. Sa. in der Mitte der Seiten stehend. Hl. stark gewölbt, oben mit zwei Höckern. ♂ 5 mm, ♀ 6 mm. Auf Tannen.

II. Unterordn. Retitelariae. Thor.

1. Die Schn. und oft auch Mts. und Schl. mit schräg abstehenden Stacheln. (Fig. 1). 2.

   — Beine ohne schräge Stacheln; Schn. und Mts. oft oben mit 1—2 senkrechten, feinen Borsten. 7.

2. Die grossen v. Ma. dem Vorderrande des Kopfes dreimal näher als den h. Ma. — Tapinopa. (2).

   — kleinen v. Ma. den h. Ma. näher als dem Vorrande des Kopfes. 3.

3. Der Hl. oben mit Höckern. — Ero. (1).

   — — ohne Höcker. 4.

4. Der 1-Mts. kaum mehr als doppelt so lang als der 1-Ts. 5.

   — — fast viermal so lang als der 1-Ts. ohne deutlichen Stachel. — Drapetisca. (4).

5. Die Ma. fast im Rechteck stehend, die 4-Schn. meist deutlich länger als die 1-Schn. 6.

   — v. Ma. weit näher als die h. Ma. (Fig. 22); die 4-Schn. meist nicht merklich länger als die 2-Schn. oft kürzer als diese. — Linyphia. (3).

6. Der 4-Mts. mit mehreren Stacheln. — Bolyphantes. (14).
— — ohne Stacheln. — Singa (Epeiridae).
7. Der 1-Ts. nicht halb so lang als der 1-Mts. 8.
— — bedeutend länger als die halbe Länge des Mts. 10.
8. Der Hl. lang, hinten an jeder Seite mit einer Ecke. — Episinus. (6).
— — kugelig oder eiförmig. 9.
9. Die v. Ma. einander viel näher als die h. Ma. — Nesticus. (5).
— — und h. Ma. ungefähr gleichweit von einander entfernt. — Theridium. (7).
10. Die Mandibeln am Grunde bauchig an der Spitze auseinander tretend (Fig. 7 und 8). 11.
— — überall fast gleich dick, kurz und bis zur Spitze aneinander liegend, meist dünner als die 1-Schl. (Fig. 9). 12.
11. Die Mandibeln vom Grunde an fast rechtwinklig auseinander tretend und sehr dick. (Fig. 7). — Pachygnatha. (12).
— — nur an der Spitze divergirend; Körper klein, meist ohne Zeichnungen. (Fig. 8). — Erigone. (13).
12. Der 1. Ts. fast ebenso lang als der 1. Mts.
— — nur reichlich halb so lang als der 1-Mts.; die v. Ma. auf einem nach vorn vorragenden Höcker. 16.
13. Die Mandibeln kürzer als der freie Theil der Stirn unter den v. Ma. — Euryopis. (17).
— — etwas länger als der freie Theil der Stirn. 14.
14. Die h. Ma. ein wenig näher als ihre Entfernung von den h. Sa. — Asagena. (16).
— — — weiter von einander als von den h. Sa. entfernt. 15.
15. Die h. Ma. den Sa. sehr genähert; die v. Ma. sehr klein. — Pholcomma. (15).
— — — kaum weiter von einander als von den h. Sa. — Crustulina. (11).
16. Der Hl. mit glänzender Haut. 17.
Die Haut des Hl. ganz ohne Glanz. 18.
17. Die Sa. deutlich getrennt. — Steatoda. (9).
— — einander berührend. — Lithyphantes. (10)
18. Der Hl. am Grunde, in der Mitte eingekerbt. — Dipoena. (8).
— — — — nicht eingekerbt. — Theridium. (7).

Fam. **Theridiidae.** Sund. Netzspinnen.

1. Ero. CK.

E. atomaria. CK. Hl. mit zwei Paaren spitzer Höcker. Brr. gelb mit hinten verdicktem, schwarzen Mittelstreif, einem einwärts gebogenen Winkelfleck hinter den Sa. und schmalem Rande. 2—3 mm. Auf Gesträuch.

E. thoracica. Wid. Hl. mit nur einem Höckerpaar. Die schwarze Randbinde des Brr. breiter und innen stärker gezackt. Mittelstreif in der mittleren Erweiterung mit seitlichen Ecken. 3 mm. Auf Tannen.

2. Tapinopa. Westr.

T. longidens. Wid. Hl. graugelb, mit zwei Reihen runder, schwarzer Flecke. 3—4 mm. In Wäldern, unter ihrem Deckennetz in Erdvertiefungen.

3. Linyphia. Walck.

1. Brr. braungelb oft mit dunklem Streif. 2.
 — dunkelbraun bis schwarz. 17.
2. Brr. wenigstens hinten mit dunklem Mittelstreif. 3.
 — ohne dunklen Mittelstreif. 8.
3. Der Mittelstreif vorne gegabelt oder auf dem Kopfe erweitert 4.
 — in gleicher Breite bis zum Vorderrande ziehend. — L. alticeps.(16) und luteola. (17).
4 Gabel mit zwei langen parallelen Zinken. 5.
 — kurz und breit oder der ganze Kopf dunkel. 6.
5. Hl. mit oft zusammenhängenden Fleckenreihen. — L. nebulosa. (15).
 — — einer an den Seiten gezähnten, in der Mitte hellern Mittelbinde. — L. triangularis. (1).
6. Brr. mit schwarzen Strahlenlinien an den Seiten. — L. montana.(2).
 — nur mit vorn erweiteter Binde. 7.
7. Rückenbinde des Hl. an den Seiten mit spitzen Sägezähnen. — L. phrygiana. (5).
 — — — — — — mit Ausbuchtungen. — L. peltata. (7).
8. Brr. mit 2, die Ränder nicht berührenden, dunklen Seitenbinden. — L. frenata. (6).
 — allenfalls mit dunklerem Rande. 9.
9. Hl. hell mit schwarzen Zeichnungen. 10.
 — dunkel ohne deutliche Zeichnungen. 12.
10. Hl. weiss, vorn nur mit einfacher dunkler Mittelbinde. — L. emphana. (4).
 — braungelb mit winkligen Querflecken. 11.
11 Beine mit angedeuteten, dunklen Ringen. — L. leprosa. (18).
 — ohne dunkle Ringe. — L. cristata. (20) und zebrina. (21).
12. Hl. oben weissgrau. 11.
 — — graubraun bis schwarz. 13.

13. Hl. oben graubraun unten schwarz. — L. obscura. (22).
    — — kaum heller als unten. 14.
14. Farbe des Brr. und der Beine braungelb. — L. angulipalpis (24).
    — — — — — — ins Schmutzigbraune ziehend. 15.
15. Grösse nicht über 3 mm. 16.
    — etwa 4 mm. — L. scopigera. (27).
16. Ränder des Brr. braun. — L. concolor. (11).
    — — — kaum dunkler. — L. bicolor. (10).
17. Brr. mit gelber Randbinde. — L. marginata. (25).
    — am Rande am dunkelsten. 18.
18. Schl. und Schn. mit Spuren dunkler Mittelringe. 19.
    — — — ohne dunkle Mittelringe. 22.
19. Hl. nur mit schwarzen winkligen Querstreifen. 20.
    — mit breiter, in der Mitte hellerer Rückenbinde. 21.
20. Die Ringe der Beine schwarz. — L. minuta. (19).
    — — — — verloschen. — L. leprosa. (18).
21. In der Rückenbinde des Hl. mit regelmässigen Fleckenpaaren oder Winkelflecken. — L. clathrata. (3).
    — — — — — nur unregelmässige schwarze Punkte; Beine scharf geringelt. — L. montana. (2).
22. Hl. oben ganz einfarbig. 23.
    — — mit deutlichen Zeichnungen. 27.
23. Hl. schwarz. 24.
    — graubraun. — L. concolor. (11).
24. Schl. roth oder rothgelb. 25.
    — blassgelb oder graubraun. 26.
25. Die Schn. blassgelb. — L. dorsalis. (14).
    — — wie die Schl. braunroth. — L. convexa. (13).
26. Brr. tiefschwarz. — L. tenebricola. (23).
    — in der Mitte gelblich. — L. nigrina. (22).
27. Grösse 2—3 mm; Hl. mit dunklen Fleckenpaaren, die oft durch Querstriche zusammhängen und bisweilen die helle Grundfarbe bis auf Punkte oder Querstreifen verdrängen. 28.
    — 4—6 mm; Hl. mit einer Rückenbinde, die oft breit, im Innern hell und mit Zeichnungen versehen ist. 30.
28. Farbe des Brr. ganz schwarz. 29.
    — — — in der Mitte ins Braune übergehend. — L. nigrina. (12) und obscura. (22).
29. Schl. rothgelb, Schn. blassgelb. — L. dorsalis. (14).
    Beine einfarbig. — L. tenebricola. (23).
30. Bauch wenigstens am Rande mit weissen Fleckchen. — L. clathrata. (3).

Bauch ohne weisse Flecke. 31.
31. Ueber den Spinnwarzen ein ganz weiss umgebenes, viereckiges Feld. — L. frutetorum. (28).
Das Feld wenigstens vorn in der Mitte mit der Rückenbinde zusammenhängend. 32.
32. Zacken der Mittelbinde des Hl. rund; Farbe des Brr. ins Braune. — L. hortensis. (9).
— — — — — spitz; Brr. schwarz. — L. pusilla. (8).

I. 1-Schl. mit wenigstens 2 Stacheln (oben und vorn).
  A. 1-Schl. vorn mit einer Reihe von 3—8 Stacheln.
    a. Das 4. Trgl. des ♂ mit kurzen Haaren; die 1-Schl. vorn mit 4—7 Stacheln.
1. L. triangularis. Cl. Grösse 7 mm. Sehr häufig auf Gebüsch.
Var. triangularis. Cl. Mand. des ♂ länger als der Brr.; Klaue geschwungen. Mand. ohne Zahn oben vor der Spitze.
Var. micrognatha. Menge. Mand. kürzer als der Brr., vor der Spitze oben mit einem Zahn, Klaue nicht geschwungen.
    β. Das 4. Trgl. des ♂ aussen mit starkem Haarpinsel; 1-Schl. des ♀ vorn mit 3 Stacheln.
2. L. montana. Cl. 7—8 mm. Auf Gebüsch und in Häusern.
  B. Die 1-Schl. vorn mit nur 1—2 Stacheln.
    a. Die 2- und 4-Schl. oben mit je 2 Stacheln, von denen der eine nahe an der Wurzel steht.
      a. Der hinterste Stachel der 2-Schl. ungefähr in der Mitte; 4. Trgl. des ♂ mit dichtem Haarbüschel.
3. L. clathrata. Sund. 4—5 mm. Auf niedern Pflanzen, im Winter unter Moos.
      b. die beiden Stacheln der 2-Schl. weit unter der Mitte; 4. Trgl. des ♂ mit mehreren längeren Borsten.
4. L. emphana. Walck. 5—6 mm. Auf Gebüsch. Längsbinde des Hl. beim ♀ auf der hintern Hälfte in Rechtecke aufgelöst.
    β. Die 2- und 4-Schl. oben mit nur einem Stachel.
      a. Der 2- und 4-Mts. wenigstens oben mit einem Stachel.
        A. Auch der 4-Schl. und 1-Mts. mit einem Stachel.
          a. Das 3. Trgl. des ♂ mit Fortsatz oder starkem Stachel; unter einer breiten Grube der Gth. des ♀ entspringt ein Fortsatz, der durch einen Strang mit der Mitte des Oberrandes in Verbindung steht.
          A. Das 3. Trgl. des ♂ mit langem, spitzen Fortsatz; der Anhang der Gth. des ♀ weit vorragend, viel länger als breit.
5. L. phrygiana. CK. 4—6 mm. Auf Tannen.
          B. Das 3. Trgl. des ♂ nur mit einem Zahn am Ende, auf welchem ein Stachel steht. Anhang der Gth. des ♀ so breit als lang.
            * Der Kopf des ♂ stark über dem Brr. gehoben und behaart; Der Fortsatz vom obern Rande der Grube der Gth. des ♀ breit und nach hinten erweitert.
6. L. frenata. Wid. 4—5 mm. In feuchten Wäldern.

** Der Kopf des ♂ kaum gehoben; Der obere Verbindungsstrang der Gth. des ♀ sehr fein.

7. **L. peltata. Wid. 4 mm. Bauch schwarz mit grossem, schildförmigen, hellen Mittelfelde. Auf Tannen. Voorde.**
    - *b.* Das 3. Trgl. des ♂ mit einem Haar, das kaum länger ist als das Glied; Gth. des ♀ eine Grube mit einfachem, wenig vorragenden Anhang.
    - *A.* Brr. schmal, die Seiten vorn auf eine Strecke parallel; Trk. des ♂ an den Gth. mit einem im Kreise gebogenen Haare.

8. **L. pusilla. Sund. Bauch grün metallisch schimmernd. 4—4,5 mm. An feuchten Orten.**
    - *B.* Brr. an den Seiten gerundet; Trk. des ♂ ohne Anhang.

9. **L. hortensis. Sund. Bauch schwarz. 4—5 mm. Auf niedern Pflanzen in Wäldern.**
    - B. Nur die 1- und 2-Schl. und der Mts. der drei letzten Beinpaare mit Stacheln.

10. **L. bicolor. Bl. 2—3 mm. An feuchten Stellen in Erdvertiefungen ihr Netz ausspannend.**
    - b. Alle Mts. ohne Stachel.
    - A. Alle Schl. mit einem Stachel.
    - *A.* Das 4. Trgl. des ♂ mit einigen sehr langen Borsten; Gth. des ♀ mit einem am Querspalt entspringenden, langen, bandförmigen Anhang.

11. **L. concolor. Wid. 2—2,5 mm. Unter Steinen in Wäldern.**
    - *B.* Das 4. Trgl. des ♂ mit Haaren, die kaum länger sind als das Glied; Anhang der Gth. des ♀ kürzer.

12. **L. nigrina. Westr. 2 mm. Unter Pflanzen.**
    - B. Die 3- und 4-Schl. ohne Stachel.
    - *A.* Der Stachel des 2-Schl. nahe vor der Spitze

13. **L. convexa. Westr. 1,5 mm. Im Winter unter Moos. Bei Spandau gefunden.**
    - *B.* Der Stachel der 2-Schl. nahe der Mitte.

14. **L. dorsalis. Wid. Die jungen Thiere fast ganz weiss. Hl. fast kugelig. 2—2,5 mm. Auf Gebüsch. Bei Erigone silvatica sind die Schl. ebenso bestachelt, aber die Schn. haben nur oben 2 Stacheln, während die Schn. von L. dorsalis am Ende auch seitliche Stacheln tragen.**

II. Die 1-Schl. immer mit einem Stachel.
    - **A.** Die Mts. mit mehr als einem Stachel.
        - *a.* Die 3- und 4-Schn. mit 5—8 Stacheln.
            - a. Das 3. Trgl. des ♂ ausser einer stärkeren, mehrfach gebogenen Borste immer noch mit einer etwas kleinern dem 4. Trgl. anliegenden; Anhang der Gth. des ♀ hinten breit, herzförmig ausgerandet, so breit als lang.

15. **L. nebulosa. Sund. Die Stacheln der Beine alle senkrecht abstehend. 4 mm. In Häusern.**
    - b. Das 3. Trgl. des ♂ in eine Spitze ausgezogen und auf dieser mit sehr dicker Borste; Anhang der Gth. des ♀ schmäler.
    - *A.* Stirn des ♂ zwischen den Ma. in eine behaarte Spitze ausgezogen; der Kopf des ♀, von hinten gesehen, dreieckig zugespitzt.

16. L. alticeps. Sund. 4 mm. Auf niedern Pflanzen.
    B. Stirn des ♂ ohne Hügel. Kopf des ♀ vor den h. Ma. gerundet.
17. L. luteola. Bl. Grösse und Aufenthalt ebenso.
    β Die 3- und 4- Schn. mit weniger als 5 Stacheln.
    a. Der Stachel des 3. Trgl. des ♂ auf einem stumpfen Fortsatze stehend, dünner als die der Beine und in der Mitte nicht verdickt.
18. L. leprosa. Ohl. 3—3,5 mm. In Häusern.
    b. Der Stachel des 3. Trgl. dicker als die der Beine und in der Mitte verdickt.
19. L. minuta. Bl. 3—4 mm. In Häusern, sehr häufig.
    B. Die Mts. mit nur einem Stachel; Grösse 1,5—2 mm.
    α. Die 3- und 4-Schn. mit 3 oder mehreren Stacheln.
    a. Das 3. Trgl. des ♂ mit einem, das 4. mit 3 starken Stacheln.
20. L. cristata. Menge. Aus dem Vorderrande der runden Grube des Gth. beim ♀ entspringt ein hinten herzförmig- abgestutzter, aber in der Mitte mit einem Läppchen und an den Seiten mit tiefer liegenden Nebenläppchen versehener Anhang. Im Winter unter Moos.
    b. Das 4. Trgl. des ♂ nur mit mehreren feinen Haaren.
21. L. zebrina. Menge. Mit voriger.
    β. Die 3- und 4-Schn. vor dem Ende nur oben mit einem Stachel.
    a. Die 1-Schn. am Ende mit 2—3 Stacheln.
    A. Das 3. Trgl. des ♂ mit einer starken Borste.
22. L. obscura. Bl. Trk. des ♂ am Grunde mit einem mehrfach gebogenen, innen mit einem Zahn versehenen Anhang. Gth. desselben mit mehreren Anhängen. Aehnlich ist die Trk. bei L. crucifera. Menge; doch sind hier die Gth. am Ende mit einem Faserbüschel versehen. L. crucigera. Bl., die ich im Schwarzwald fand, hat 2 Stachel vorn an den 1-Schln. und mehrere an Schn. und Mts. Die Trk. trägt hier am Ende der Gth. zwei Büschel spitzer Zinken.
    B. Nur das 4. Trgl. des ♂ in der Mitte des Rückens mit einer stärkern Borste.
23. L. tenebricola. Wid. Unter Moos und Steinen, auch in Häusern.
    b. Die 1-Schn. am Ende nur oben mit einem Stachel.
24. L. angulipalpis. Westr. Tr. des ♂ am 4. Gliede in einem Winkel gebrochen und dies Glied mit einer Borste. Unter Steinen und Moos im Winter.
III. Alle Schl. ohne Stachel.
    A. Der 1-Mts. mit 2—3 Stacheln.
    α. Die 1- und 2-Schn. schon unten mit 7—9 Stacheln.
25 L. marginata. CK. 5—6 mm. Auf Gebüsch.
    β. Die Schn. überhaupt nur mit 5—7 Stacheln; Trk. des ♂ und Gth. des ♀ mit sehr langem Anhang.
26. L. insignis. Bl. 3—4 mm. Braungelb; Hl. oft theilweise dunkler. Im Winter unter Laub. Kiel.

B. Der 1-Mts. ohne Stachel aber der 4. Mts. mit Stacheln
   α. Schn. oben nur mit Haarborsten, unten mit 2 Paar Stacheln.
27. L. scopigera. Grube. 4 mm. Auf Gebüsch.
   β. Schn. oben und seitwärts mit 3—4 Stacheln.
28. L. frutetorum. CK. 4—6 mm. Auf Gebüsch.

4. Drapetisca. Menge.

D. socialis. Sund. Brr. mit gegabeltem Mittelstreif und an den Seiten mit je 3 Flecken. Beine geringelt. 4—5 mm. An Baumstämmen behende umherlaufend.

5. Nesticus. Thor.

N. cellulanus. Cl. Mittelstreif des Brr. in der Mitte erweitert; Beine geringelt. 4—5 mm. In Kellern.

6. Episinus. Walck.

E. truncatus. Walck. Brr. dunkel mit gelben Binden und Flecken. Schn. nur in der Mitte gelb. 4—6 mm. Auf Gesträuch.

7. Theridium. Walck.

1. Br. mit schwarzem Strich oder Fleck in der Mitte. 2.
— nur am Rande, oder ganz dunkel. Brr. oft mit Mittelbinde. 3.
2. Beine schwarz geringelt. — T. tinctum. (5).
— nicht geringelt. — T. lineatum. (1).
3. Brr. wenigstens hinten mit dunkler Mittelbinde. 4.
— hinten ohne Mittelbinde. 8.
4. Dunkle Binde des Hl. an den Seiten mit gerundeten Erweiterungen. — T. pulchellum. (10).
— — — — breit, in der Mitte oft hell, an den Seiten gezähnt oder mit weissen Einschnitten. 5.
5. Seiten der Mittelbinde schwarz, mit weissen Querstreifen. — T. sisyphium. (7).
— — — nicht breit schwarz. 6.
6. Hl. an den Seiten und unten schwarz gefleckt. 7.
— — — — — zwischen Gth. und Spinnwarzen einfarbig gelb. — T. varians. (8).
7. Binde des Hl. nach hinten wenig verschmälert. — T. denticulatum. (11).
— — — hinten verschmälert, in der Mitte rothbraun. — T. pictum. (6).
8. Schn. mit zwei deutlichen Ringen. 9.
— allenfalls an der Spitze dunkel. 11.

9. Hl. mit seitlich gezähnter Rückenbinde, die bis zu den Spinnwarzen geht. — T. denticulatum (11).
— ohne solche Rückenbinde. 10.
10. Schl. nur an der Spitze braun. — T. riparium. (2).
— auch mit breitem Mittel- oder Grundringe. — T. tepidariorum. (4).
11. Hl. mit heller Rückenbinde, oder mit hellen Flecken oder ganz schwarz. — T. bimaculatum. (9).
— hinten an der steilen Abdachung hell, oben mit schwarzem Zapfenfleck. 12.
12. Die 4-Schl. einfarbig. — T. formosum. (3).
— — an der Spitze roth oder schwarz. — T. riparium. (2).

I. Die 4-Knie nicht länger als $1/4$ der Schn.
1. Th. lineatum. Cl. Hl. weissgelb, oft mit rothen Längsbinden und hinten mit 2 Reihen schwarzer Punkte. 4—5 mm. Auf niedern Pflanzen.
II. Die 4-Knie wenigstens gleich $1/3$ der Schn.
  A. Die v. Ma. auf einem über den Vorderrand vorragenden Höcker.
    α. Der 1-Ts. bedeutend über ein $1/3$ des 1-Mts. Brr. etwa $1^{1}/_{2}$ mm. lang.
2. Th. riparium. Bl. 3 mm. Auf Pflanzen und in Häusern.
    β. Der 1-Ts. kaum über $1/3$ des 1-Mts.; Brr. $1^{2}/_{3}$—3 mm.
      a. Brr. $1^{2}/_{3}$—2 mm. lang.
3. Th. formosum. Cl. 3—4 mm. Auf Pflanzen und an Holzwerk.
      b. Länge des Brr. $2^{2}/_{3}$—3 mm.
4. Th. tepidariorum. CK. 6 mm. In Warmhäusern.
  B. Die v. Ma. nicht auf vorstehendem Höcker.
    α. 1-Mts. über dreimal so lang als der 1-Ts.
5. Th. tinctum. Walck. 3 mm. Auf Tannen.
    β. 1-Mts. nicht dreimal, aber über $2^{1}/_{2}$ mal so lang als der 1-Ts.
      a. Die 1-Schn. und Knie zusammen über 3 mm. lang.
6. Th. pictum. Walck. 5—6 mm. Auf Pflanzen und an Holzwerk, in Wäldern.
      b. Die 1-Schn. und Knie nur etwas über 2 mm. lang.
        A. Der 1-Schl. nur $1^{1}/_{2}$ mal so lang als der Brr.
7. Th. sisyphium. Cl. 3—4 mm. Auf Gesträuch in Wäldern.
        B. Der 1-Schl. etwa 2 mal so lang als der Brr.
          * Grösse etwa 3 mm.
8. Th. varians. Hhn. Auf Gesträuch.
          ** Grösse nur etwa 2 mm.
9. Th. bimaculatum. L. Hl. oft ganz braun oder schwarz. Auf niedern Pflanzen.
    γ. 1-Mts. kaum mehr als 2 mal so lang als der 1-Ts.
      a. Die h. Ma. ein wenig weiter von einander entfernt als die v. Ma.
10. Th. pulchellum. Walck. 3 mm. Auf Gesträuch.
      b. Die h. Ma. ein wenig näher als die v. Ma.

11. Th. denticulatum. Walck. 2—2,5 mm. Auf Gesträuch und unter Steinen.

8. Dipoena. Thor.

D. melanogaster. C K. Brr. schwarz; Beine geringelt; Hl. unten schwarz oben grau, schwarz gefleckt, beim ♂ dicker. 2—3 mm. Auf Gesträuch.

9. Steatoda. Sund.

I. Die v. Ma. weiter von einander entfernt als die h. Ma.; 1-Beine ganz schwarz.
1. St. tristis. Hhn. Ganz schwarz, nur 4-Beine mit gelbem Grunde und Mittelring. 2—3 mm. Auf Tannen.

I. Die v. Ma. ein wenig näher als die h. Ma.
  a. Br. tief runzelig punktirt.
2. St. bipunctata. L. Brr. schwarz. 5—7 mm. In Häusern gemein, auch unter Baumrinde.
  b. Br. sehr fein gerunzelt.
3. St. castanea. Cl. Brr. braun. In Kiel von Herrn Zietz gefunden.

10. Lithyphantes. Thor.

L. corollatus. Sim. Schwarz; Beine braun, am Ende der Glieder dunkler. Hl. mit zwei Reihen weisser Flecke, weissen Seitenstreifen und weissem Vorderrand. 5—6 mm. Unter Steinen.

11. Crustulina. Menge.

Cr. guttata. Wid. Brr. schwarz, sehr stark netzartig gerunzelt. Hl. schwarz mit weissen Flecken. 2,5 mm. Unter Steinen und Moos. Voorde.

12. Pachygnatha. Sund.

1. Brr. schwarz. — P. Degeeri. (3).
  — roth oder gelb, mit schwarzem Mittelstreif. 2.
2. Brr. rothbraun, Seiten des blattförmigen Mittelfeldes auf dem Hl. schön rothbraun. — P. Clercki. (1).
  — braungelb, Seiten des Rückenfeldes auf dem Hl. schmutzig gelb. — P. Listeri. (2).

I. Nebenlappen der Trkh. auf der Oberseite der Trk. am Ende stiefelförmig umgebogen. Die Mitte des Querspaltes an den Gth. des ♀ stufenförmig nach hinten vorspringend.
1. P. Clercki. Sund. Etwa 4 mm. Unter Moos und Steinen.
II. Der Nebenlappen der Trkh. am Ende gerade; die Querspalte der Gth. des ♀ gerade oder von hinten ausgerandet.
  A. Der Nebenlappen des Trkh. kürzer als die kugelförmigen Gth., am Ende breit, stark behaart; der Querspalt der Gth. des ♀ gerade.

2. **P. Listeri.** Sund. 5 mm. Unter Moos und auf niedern Pflanzen.
   B. Der Nebenlappen länger als die Kugel, am Grunde gebogen; die Querspalte der Gth. in der Mitte nach vorn gebogen.
3. **P. De Geeri.** Sund. 3 mm. Im Moos, auf niedern Pflanzen etc., sehr häufig.

13. Erigone. S. et A.

Da die Färbung dieser kleinen Spinnen sehr geringe Unterschiede bietet und bei den einzelnen Arten z. Th. noch variirt, namentlich bei noch nicht ausgewachsenen Stücken stets eine andere ist, konnte ich keine Bestimmungstabelle nach der Farbe geben. Auch die ♀ habe ich nicht berücksichtigt, weil ich sie von manchen Arten noch nicht besitze.

I. Der Tr. des ♂ sehr lang, das 3. Trgl. wenigstens $1^{1}/_{2}$ mal so lang als das 1-Knie.
   A. Das 3. Trgl. mit langem, nach unten gerichteten Zahn am Ende.
      α. Das 4. Trgl. vor dem aufgebogenen Ende, oben mit einem kleinen Zähnchen.

1. **E. dentipalpis.** Wid. Schwarz, Beine schmutzig, braungelb. 2—2,5 mm. An der Erde.
   β. Der obere Fortsatz des 4. Trgl. ohne Zahn.
      a. Grösse 3 mm.
2. **E. longipapis.** Sund. Schwarz, Beine schmutziggelb. Unter Pflanzen.
      b. Grösse 2 mm.
3. **E. atra.** Bl. Glückspinne. Im Sommer und Herbst unsere gemeinste Erigone-Art; man findet sie oft auch in Zimmern. Sie ist es namentlich, welche an schönen Herbsttagen unsere Felder und Wiesen mit dichten Fäden überspinnt.
   B. Das 3. Trgl. ohne langen Zahn.
      α. Das 4. Trgl. nur oben erweitert, schuppenförmig, weit auf die Trk. vorragend.
        a. Das 4. Trgl. in eine gezähnte Schuppe verlängert.
4. **E. longimana.** CK. Brr. schwarzbraun, Beine gelbbraun, Hl. schwarz. 2 mm. - Im Grase.
      b. Das 4. Trgl. eine einfache Schuppe.
        A. Die 1-Schn. viel dicker als die übrigen.
5. **E. tibialis.** Bl. Schwarz, Hl. grauschwarz; Beine schmutziggelb, Gelenke heller. 2 mm. Unter Moos, auch im Winter. Möltenort.
      B. Die 1-Schn. nicht verdickt.
6. **E. nigra.** Bl. Farbe und Grösse wie bei E. tibialis. Häufiger.
   β Das 4. Trgl. am Ende oben und unten mit Zähnen.
7. **E. nudipalpis.** Westr. Brr. dunkelbraun, Beine gelb, Hl. grau. 2,5—3 mm. Unter Moos.

II. Der Tr. kurz. Das 3. Trgl. kaum länger, meist aber kürzer als das 1-Knie.
  A. Der Kopf unregelmässig, meist viel höher als der Brr., mitunter nur mit einem kleinen Knöpfchen zwischen den Augen oder nur hinter den Sa. mit einer Grube.
    α. Kopf einfach, nur zwischen den Augen mit einem Knöpfchen oder zwei Hörnchen.
      a. Kopf zwischen den Augen mit einem einfachen oder gegabelten Knöpfchen.
        A. Grösse etwa 5 mm.

8. E. Hardi. Bl. Brr. rothbraun, Beine gelb. Hl. schwarzgrau.
        B. Grösse höchstens 3 mm.
          A. Der Kopfhöcker gegabelt.

9. E. unicornis. Camb. Schwarz, Beine schön roth. Im Herbst, unter Pflanzen. Dahmer See.
          B. Der Kopfhöcker einfach.
            * Der Höcker klein, nur unter demselben ein paar einfache Haare. Der Abstand der 4 hintern Augen fast gleich gross.

9a. E. cuspidata. Bl. Brr. schwarz, Beine rothgelb; Hl. grauschwarz. 2,5—3 mm. Dahme. Im Winter, unter Moos.
            ** Der Höcker gross, vorstehend am Ende mit stumpfen gekrümmten Borsten. Die h. Ma. einander sehr nahe.

10. E. monoceros. Wid. Brr. gelb, Kopftheil schwarzbraun, Beine rothgelb, Hl. grauschwarz. 2,5—3 mm. Im Winter, unter Moos. Cismar.
      b. Zwischen den Augen zwei, aus je 6 am Ende nach aussen gebogenen, stumpfen, weissen Borsten bestehende Hörnchen.

11. E. diceros. Camb. Brr. gelbbraun, Kopftheil mit schwarzen Linien; hinter den Sa. eine Grube; Beine braungelb, Hl. schwarzbraun. ♀ heller gefärbt. Unsere kleinste Spinne, das ♂ ist kaum 1 mm. lang. Ich fand sie im April unter Moos in einem Walde bei Cismar.
    β. Kopf mit den Augen gehoben oder unregelmässig gestaltet oder hinter den Sa. eine Grube.
      a. Kopf mit zwei Hügeln oder Höckern oder erst hinter den Augen mit einem Höcker.
        A. Kopf mit zwei nebeneinander stehenden Hügeln.
          A. Die Hügel kurz und spitz.
            * Die Hügel neben den Sa., nach vorn gerichtet.

11a. E. sulcifrons. Wid. Braungelb, Hl. grau. 2 mm.
            ** Die Hügel oben auf dem Kopfe, nach oben.

12. L. cornuta. Bl. Braungelb, Hl. grauschwarz. 2,5—3 mm. Auf Gesträuch.
          B. Die Hügel oben breit.

13. E. bituberculata Wid. Brr. rothbraun, Beine gelb, Hl. schwarz. 3 mm. Auf Wasserpflanzen
        B. Die Hügel liegen hinter einander oder nur ein Hügel hinter den Augen.
          A. An der Vorderseite des Kopfes ein gabelförmiger Anhang.
            a. Der Kopfhügel hoch und gewölbt.

14. E. antica. Wid. Brr. braunschwarz, Beine gelbroth, die 1- und 2-Schn. schwarzbraun, Hl. schwarzgrau. 2,5—3 mm. Im Winter, unter Moos.
      b. Der Kopfhügel niedriger.
15. E. flavida. Menge. Ebenso wie E. antica, doch im Ganzen viel heller gefärbt.
      B. An der Kopfvorderseite kein Anhang.
         a. Der hintere Kopfhügel nach hinten überhängend.
16. E. capito. Westr. Schwarz, Hl. ins Graue spielend, Beine gelbroth. Im Winter, unter Moos.
      b. Der Kopfhügel nicht nach hinten überhängend.
         * Der hintere Hügel weit grösser, oder nur ein solcher vorhanden.
           † Nur ein behaarter Hügel, hinter den Ma.
              0 Das 4. Trgl. mit einem gebogenen, stumpfen und einem kleinern, spitzen Zahn am Ende.
17. E. apicata Bl. Schwarz, Beine schmutzig gelb. 2 mm. Unter Pflanzen.
              00 Das 4. Trgl. nur mit einem spitzen Zahn.
18. E. retusa. Westr. Brr. braun, Hl. gelbgrau bis schwarz, Beine rothbraun. 2 mm. Unter Pflanzen.
           †† Der Kopf mit einem vordern, kleinern Höcker; der hintere Hügel kahl.
19. E. cucullata. CK. Schwarzbraun, Beine rothgelb. 2—2,5 mm. Im Winter, unter Moos.
         ** Beide Hügel ungefähr gleich.
20. E. cristata. Bl. Schwarz, Beine braungelb. 2—2,5 mm. Unter Pflanzen. Bei Kiel von Herrn Zietz gefunden.
      b. Kopf mit nur einem Hügel, an welchem vorn oder oben die Augen stehn, oder nur eine Grube hinter den Sa.
         A. Der Kopfhügel sehr hoch, stabförmig oder flach und dann von der Seite durchsichtig.
         A. der Kopfhügel von der Seite durchbohrt.
21. E. furcillata. Menge. Braungelb, Hl. braungrau. 3 mm. Unter Moos.
      B. Der Kopfhügel stabförmig, senkrecht am Vorderrande sich erhebend.
         a. Der Kopfhügel oben behaart, gleich dick.
22. E. frontata. Bl. Brr. schwarzbraun, Hl. schwarz, Beine braun. 1—1,5 mm. Im Winter, unter Moos.
      b. Der Kopfhügel sehr lang in der Mitte verdickt.
23. E. acuminata. Bl. Schwarz, Brr. ins Braune, Beine gelbroth. 3—4 mm. Im Winter, unter Moos. Dahme.
      B. Kopf hügelartig gehoben oder nur mit Gruben.
         A. Die h. Ma. in $^3/_4$ der Kopfhöhe; das 4. Trgl. nicht erweitert.
         a. Kopfhügel, von vorn gesehen, oben ausgerandet.

24. E. bifrons. Bl. Schwarz, Beine rothgelb. 1,5—2 mm. Auf Gesträuch.
> *b.* Kopfhügel oben nur abgestutzt.
25. E. elevata. CK. Ebenso wie vorher.
>> B. Die h. Ma. oben auf dem Kopfe.
>>> *a.* Trk. an den Gth. mit haardünnem, kreisförmig gewundenen Anhang. (Fig. 33).
>>> * Trkh. hinten in der Mitte eckig vorragend. (Fig. 33).
>>>> † Der Anhang des 4. Trgl. kurz und gerade.
26. E. pumila. Bl. Schwarz, Beine schmutzig roth. 1,5—2 mm. Im Winter, unter Moos.
>>>> †† Der Anhang, des 4. Trgl. lang und am Ende umgebogen. (Fig. 33).
27. E. Moebi. n. sp. Schwarzbraun, Beine schmutzig gelb. 1,2 mm. Im Winter, unter Moos. Berlin.
>>> ** Trkh. gerundet, ohne Ecke.
>>>> † Der haarförmige Anhang der Trk. kaum oder nicht länger als ein zweiter zungenförmiger.
>>>>> o Die Spitze des Anhanges am 4. Trgl. der Trkh. anliegend. Trkh. abgestutzt.
28. E. picina. Bl. Brr. schwarzbraun, Hl. schwarz, Beine braun. 1,5 mm. Im Winter, im Moose.
>>>>> oo Die Spitze des Anhanges am 4. Trgl. ein wenig abstehend.
29. E. parallela. Bl. Grösse und Farbe wie vorher.
>>>> †† Der haarförmige Anhang des Trk. sehr lang; der Anhang am 4. Trgl. gebogen.
>>>>> o Das 3. Trgl. kaum länger als breit.
30. E. pusilla. Wid. Brr. braunschwarz, Hl. schwarz. Beine schmutzigrothgelb. 1,2 mm. Im Winter, unter Moos.
>>>>> oo Das 3. Trgl. wenigstens doppelt so lang als breit, gebogen.
>>>>>> ⚥ Der Kopfhügel nach hinten überhängend.
31. E. elongata. Wid. Brr. schwarzbraun, Hl. schwarz, glänzend stark punktirt, Beine rothgelb. 1,5—2 mm. Im Herbst in Häusern. Dahme.
>>>>>> ⚥ ⚥ Der Kopfhügel hinten abgedacht.
32. E. humilis. Bl. Brr. braun, Hl. schwarz, Beine rothgelb. 2 mm. Unter Moos, im Winter.
>> *b.* Trk. ohne haarförmigen Anhang.
>>> * Das 4. Trgl. auf die Trkh. vorragend, länger als breit.
>>>> † Kopf vorn mit abgeschnittener Platte.
33. E. frontalis. Ohl. Brr. dunkelbraun, Hl. und Beine braungelb. 1,5 mm. Auf Gesträuch. Bei Kiel von Herrn Zietz gefunden.
>>>> †† Kopf vorn gerundet oder ausgerandet.
>>>>> o Das 4. Trgl. am Ende breit.
>>>>>> ⚥ Anhang am Grunde der Trkh. mit 2 Seitenlappen, 4 Trgl. am Ende mit einem Anhang.

34. E. latifrons. Camb. Brr. dunkelbraun, Hl. grau, Beine rothgelb. 2 mm. Im Winter, unter Moos.
>> ♂ ♂ Anhang am Grunde der Trkh. einfach, gebogen. 4 Trgl. mit 2 Anhängen.

35. E. hiemalis. Bl. Schwarz, Hl. meist grau, Beine braun. 1,5 mm. In Wäldern unter Moos.
>> oo Das 4. Trgl. zugespitzt.

36. E. scabricula. Westr. Brr. dunkelbraun, Hl. schwarz, Beine braun. 2 mm. Unter Pflanzen.
>> ** Das 4. Trgl. meist breiter als lang.
>> † Kopfhügel sehr hoch, der obere Theil abgeschnürt.
>> 0 Der Hügel oben mit Längsfurche oder abgestutzt.

37. E. Thorelli. Westr. Schwarz, Beine gelb. 2 mm. Auf niedern Pflanzen.
>> oo Der Hügel oben gerundet.

38. E altifrons. Cambr. Schwarz, Beine blassgelb oder roth. 2 mm. Auf Gesträuch.
>> †† Kopfhügel niedrig, Brr. stark punktirt.

39. E. punctata. Bl. Brr. dunkelbraun, Beine gelb, Hl. schwarzgrau. 2--2,5 mm. Unter Laub.
>> ††† Kopf nur mit Gruben hinter den Sa.

40. E. ovata. C K. Braungelb, Hl. schmutziggraugelb. 1,2 mm. Im Winter, unter Moos.

>> B. Kopf regelmässig in den Brr. übergehend, allenfalls hinter den h. Ma. schwach quer eingedrückt.
>>> a. Das 3. Trgl. am Ende ohne auffallendes Borstenhaar.
>>>> a. Das 3. Trgl. so lang oder fast so lang als das 1-Knie.
>>>> A. Das 3. Trgl. sehr dick, viel dicker als das 1-Knie.
>>>>> A. Das 2. Trgl. stark verdickt, aussen vor dem Ende mit starkem Zahn.

41. E. rubens. Bl. Brr. roth, Beine rothgelb, Hl. meist röthlich. 2,5 — 3 mm. Unter Moos und auf Pflanzen. Dahme.
>> B. Das 2. Trgl. ohne Zahn.
>>> a. Das 4. Trgl. breiter als lang, becherförmig.

42. E. rufipes. L. Brr. dunkelbraun, nach hinten heller, Beine roth; Hl. grau mit 2 Reihen schwarzer Flecke, oft auch ganz schwarz. 3 mm. Auf Bäumen in Wäldern, auch unter Moos.
>> b. Das 4. Trgl. viel länger als breit.

43. E. isabellina. C K. Brr. rothgelb, Beine blassgelb, Hl. graugelb. 3—4 mm. Auf Pflanzen.
>> B. Das 3. Trgl. nicht dicker als das 1-Knie.
>>> A. Kopf hinter den Augen mit einem schwachen Quereindruck.
>>>> a. Trk. dünner als die Schl., nicht viel dicker als das 4. Trgl.

44. E. fusca. Bl. Brr. schwarzbraun, Hl. schwarz, Beine rothgelb. 1,5—2 mm. Unter Laub.
>> b. Trk. dicker als die 1-Schl. (Fig. 29).

45. E. Henkingi. n. sp. Schwarz, Beine gelbroth. 1,7 mm. Im Winter, unter Moos. Berlin.
> B. Kopf ohne Quereindruck.
>> *a.* Das 3. Trgl. am Ende mit einem nach unten vorragenden Zahn. Trk. an den Gth. ohne haarförmigen Anhang.
>>> * Das 3. Trgl. über doppelt so lang als am Ende breit.

46. E. affinis. Bl. Brr. roth, Kopf schwarz, Beine roth, Hl. schwarz. 3—4 mm. Auf Gesträuch.
>>> ** Das 3. Trgl. kaum doppelt so lang als breit.

47. E. graminicola. Sund. Brr. braun, Hl. schwarz, Beine roth. 2,5—3 mm. Auf Gesträuch.
>> *b.* Das 3. Trgl. unten am Ende nicht erweitert.

48. E. dentata. Wid. Brr. braun, Beine braungelb, Hl. schwarzgrau. 2—2,5 mm. Unter Moos etc.
> b. Das 3. Trgl. kaum über halb so lang als das 1-Knie.
>> *A.* Die Trk. an den Gth. mit langem, kreisförmig gewundenen, schwarzen Haar. (Vgl. Fig. 33).
>>> A. Das 4. Trgl. mit steifem, abstehenden Borstenbüschel.

49. E. penicillata. Westr. Schwarz, Beine braungelb. 1,2—1,5 mm. Im Winter, unter Moos.
>>> B. Das 4. Trgl. am Ende mit kurzem Haken.

50. E. brevis. Wid. Schwarz, Beine braunroth. 1,5—2 mm. Im Winter, unter Moos.
> *B.* Die Trk. ohne haarfeinen Anhang, oder wenn derselbe vorhanden, nicht länger als ein zweiter zungenförmiger.
>> A. Die Trkh. am Grunde aussen mit jähem Vorsprung.

51. E. innotabilis. Cambr. Schwarz, Beine braungelb. 1,5—2 mm. Im Winter, unter Moos.
> B. Die Trkh. ohne Vorsprung.
>> *a.* Das 4. Trgl. breiter als lang.
>>> * Das 4. Trgl. am Grunde mit langem, abstehenden, fingerförmigen Anhang.

52. E. latebricola. Cambr. Gelbbraun, der Hl. ins Graue ziehend. 1,2 mm. Im Winter, unter Moos. Leipzig.
>>> ** Das 4. Trgl. ohne Anhang, auch am Ende ohne Zähnen.

53. E. Sundevalli. Westr. Färbung wie bei E. latebricola. 2 mm. 1-Schn. unten mit Reihen steifer Borsten.
>>> *** Das 4. Trgl. am Ende etwas schüsselförmig, mit 3 vorspringenden Zähnen.

E. psilocephala. Menge. Brr. dunkelbraun, Beine braunroth, Hl. grau. 2 mm. Im Winter, unter Moos.
>> *b.* Das 4. Trgl. länger als breit.
>>> * Das 4. Trgl. unten in der Mitte mit einer Ecke.

54. E. rufa. Wid. Brr. braun, vorn dunkler, Hl. grau bis schwarz, Beine gelbroth. 3—4 mm. Auf Gesträuch.
>>> ** Das 4. Trgl. kegelförmig, mit einem Zahn am Ende. (Fig. 32 a).

55. E. commutabilis. n. sp. Ganz blassgelb bis dunkelbraun mit braunrothen Beinen. 2 mm. Unter Strandpflanzen; bei Dahme.
>> β. Das 3. Trgl. mit einer oder einigen auffallenden Haarborsten, die länger sind als der Durchmesser des Gliedes.
>> a. Das 3. Trgl. mit mehreren längern Borsten.

56. E. viaria. Bl. Gelbbraun, Hl. schwarz. 2—2,5 mm. Im Winter, unter Moos.
>> b. Das 3. Trgl. mit nur einer Borste.
>>> A. Die Trkh. auf dem Rücken mit einer Ecke.
>>>> A. Die Ecke in der Mitte.

57. E. fuscipalpis. Cl. Schwarz. Beine dunkelbraun, beim ♀ die Beine heller und nur die Tstr. dunkel. 1—1,5 mm. Unter Moos und Steinen.
>>>> B. Die Ecke über dem Ende des 4. Trgl.
>>>>> * Der Anhang am Grunde der Trkh. mit einer Reihe von Zähnen.

58. E. silvatica. Bl. Braungelb, Hl. schwarz bis grau. 1-Schl. oben mit 2, vorn mit 1 Stachel, 2-Schl. oben mit 1 Stachel. 2,5—3 mm. Im Winter, unter Moos.
>>>>> * Der Anhang am Grunde der Trkh. ohne Zähne.

59. E. pabulatrix. Camb. Der vorigen sehr ähnlich, aber die Stachel auf den Schln. sehr kurz oder fehlend. Leipzig, Berlin.
>>> B. Die Trkh. vom Grunde an gerundet.
>>>> A. Die Borste des 3. Trgl. viel stärker als die Haare an der Trkh.

60. E. brevipalpis. Menge. Farbe wie bei E. silvatica. 3—3,5 mm. Unter Pflanzen.
>>>> B. Die Borste nicht stärker als die Haare der Trkh. Beine und Hl. lang behaart.

61. E. livida. Bl. Gelbbraun, Schl. gelb, Hl. gelbgrau bis schwarz. 2,5—3,5 mm. Im Winter, unter Moos.

14. Bolyphantes. CK.

B. bucculenta. Cl. Gelbbraun. Brr. und der Hl. am Grunde mit schwarzem Mittelstreif. Hl. hinten an den Seiten mit einer Reihe schwarzer Punkte. 6—7 mm. Unter Pflanzen.

15. Pholcomma. Thor.

Ph. gibbum. Westr. Rothbraun, Hl. grauschwarz, oft mit weissen Flecken. 1—1,5 mm. Unter Moos und Steinen.

16. Asagena. Sund.

A. phalerata. Panz. Brr. schwarzbraun, Beine braungelb, schwarz geringelt; Hl. schwarz, am Grunde und über den Spinnwarzen ein Längsfleck, in der Mitte jederseits ein Querfleck und davor noch ein runder Fleck, gelblich. 5 mm. Unter Steinen und Moos.

17. **Euryopis. Menge.**

E. flavomaculata. CK. Rothbraun; Hl. schwarz, mit 3—4 unregelmässigen Längsreihen gelblicher Querflecke. 3,5 — 4 mm. Unter Moos.

III. Unterordn. Plagitelariae. n.

Vordere Tracheen rudimentär, vor den Gth.

Fam. **Pholcidae.** Thor.

Der 1- und 2-Ts. deutlich gegliedert. Der 4-Ts. unten mit einer Reihe gebogener, unten gefiederter Haare.

Pholcus. Walck. (Fig. 19).

An den Seiten je 3 grosse Augen zu einer Gruppe vereinigt und dazwischen vorn zwei kleine Augen. Der 1-Schl. viel länger als der ganze Körper. Hl. doppelt so lang als der Brr.

Ph. opilionoides. Schr. Brr. gelb in der Mitte mit zwei genäherten, gebogenen, schwarzen Linien und zwei Punkten an jeder Seite. Br. dunkel mit hellem Mittelfleck und je drei hellen Seitenflecken. 5 mm. In Häusern und unter Steinen.

Ph. phalangioides. Fuessl. Brr. mit dunklem Mittelfleck, der meist durch eine helle Linie getheilt ist. Br. meist mit undeutlicher Zeichnung. 6—7 mm. In Häusern.

IV. Unterordn. Tubitelariae. Thor.

1. Der 4-Mts. länger als der 1-Mts. 2.
   — — kürzer als der 1-Mts. 19.
2. Die Unterkiefer quer über die Mitte wie eingedrückt. (Fig. 10). 3.
   — — gewölbt. (Fig. 2). 6.
3. Die h. Ar. (von oben gesehen) in der Mitte deutlich nach vorn gebogen. — Gnaphosa. (12).
   — — — gerade oder nach hinten gebogen. 4.
4. Die h. Ma. weiter von den h. Sa. entfernt als von einander, oval, schräg gegen einander geneigt; (Fig. 21) (ganze Spinne heller oder dunkler braun). — Drassus. (10).
   — — — nicht weiter von den h. Sa. entfernt, meist rund, (Augen oft gedrängt stehend). 5.

5. Die 1-Schl. oben am Grunde mit einem Stachel. — Micaria. (13).
— — oben mit 2 Stacheln. — Prosthesima. (11).
6. Nur 6 Augen vorhanden. (Fig. 14). 7.
8 Augen vorhanden. 8.
7. Mandibeln vorgestreckt. — Dysdera. (1).
— senkrecht. — Harpactes. (2).
8. Die 1-Schn. unten mit dichtstehenden einander weit überragenden Stachelpaaren (mindestens 3 Paare). (Fig. 34). 9.
— — — ohne regelmässige Stachelpaare, oder die Stacheln reichen nicht oder kaum bis zur Wurzel der folgenden. 13.
9. Nur 3—5 Stachelpaare; h. Ar. fast gerade oder in der Mitte nach hinten gebogen. 10.
Mit 8 Stachelpaaren an den 1-Schn.; h. Ar. in der Mitte stark nach vorn gebogen. — Zora. (18).
10. Die 1. Schn. mit 3 Paaren abstehender Stachel; unter 2 mm. (Fig. 34). — Phylloeca. (20).
— — mit anliegenden Stacheln. 11.
11. Hl. ebenso stark glänzend wie der Brr. — Phrurolithus. (14).
— nicht glänzend. 12.
12. Die h. Ar. gerade oder in der Mitte ein wenig nach hinten gebogen. — Cryphoeca. (19).
— — — in der Mitte ein wenig nach vorn gebogen. — Apostenus (17).
13. Obere Spinnwarzen kaum länger als die untern; ihr Endglied versteckt oder nicht länger als am Grunde breit. 14.
— — länger als die untern; ihr Endglied viel länger als breit. 15.
14. Brr. am vordern Kopfrande nur halb so breit als an seiner breitesten Stelle; Kopf deutlich höher als der Brr. — Agroeca. (16).
— — — — viel breiter; Kopf nicht höher als der Brr. — Clubiona. (15).
15. Die 6 Spinnwarzen fast in einer geraden Querreihe stehend. — Hahnia. (22).
Höchstens 4 Spinnwarzen in gerader Reihe. 16.
16. Das Endglied der obern Spinnwarzen länger als der Grundtheil. 17.
— — — — — kürzer als der Grundtheil. 18.
17. Die h. Ar. in der Mitte stark nach hinten gebogen. — Agalena. (24).
— — — — — — nach vorn gebogen. — Textrix. (25).
18. Brr. am vordern Kopfrande fast so breit wie in der Mitte. (Unter Steinen.) — Coelotes. (21).
— — — — kaum mehr als halb so breit als in der Mitte. (In Häusern). — Tegenaria. (23).
19. Mit 6 Augen. (Fig. 13). — Segestria. (3).
— 8 Augen. 20.

20. Unter den Spinnwarzen eine kleine Querplatte. (Fig. 4). 21.
    — — — keine Querplatte. 23.
21. Beine mit Stacheln. Grösse über 7 mm. — Amaurobius. (6).
    — ohne Stacheln; Grösse unter 5 mm. 22.
22. Die v. Ma. kleiner und einander näher als die h. Ma. — Lethia. (5).
    — — — nicht kleiner und kaum näher. — Dictyna. (4).
23 Bauch in der Mitte mit einer kleinen Querspalte. (Fig. 2). 24.
    — — — — ohne Querspalte. 25.
24. V. Ma. nach unten sehend, unter einem Höcker. (Im Wasser). — Argyroneta. (8).
    — —. — vorn sehend. (Auf Gesträuch). — Anyphaena. (8).
25. V. Ma. kaum um ihre Breite vom Kopfrande entfernt. — Cheiracanthium. (9).
    — — viel weiter vom Kopfrande. Vgl. Singa (Epeirinae).

Fam. Dysderidae. Thor.

1. Dysdera. Walck. (Fig. 14).

Der Brr. roth bis schwarzbraun; die Beine roth; Hl. weisslich bis ziegelroth.

I. Alle Schl. oben mit Stacheln.
 1. D. rubicunda. C K. Hl. gelblich. ♂ 9 mm, ♀ 11 mm. Unter Steinen.
II Die 1-, 2- und 3-Schl. oben ohne Stacheln.
  A. Die 4-Schl. am Grunde mit 2 kleinen dicken Stacheln.
 2. D. maurusia. Thor. Hl. roth, Brr. dunkler. ♀ 12 mm. In Kiel, in einem Keller von Herrn Zietz gefunden.
  B. Die 4-Schl. ohne Stacheln.
 3. D. erythrina. Walk. Farbe wie vorher. Unter Steinen.

2. Harpactes. Tpl.

H. Hombergi. Scop. Brr. dunkelbraun; Beine gelb; Hl. roth an Wurzel und Spitze heller. ♂ 5 mm, ♀ 6 mm. Unter Steinen.

3. Segestria. Walck. (Fig. 13).

S. senoculata. L. Gelblich, Ringe der Beine und Brr. dunkel. Hl. mit 6 runden Flecken in einer Längsreihe. 6—8 mm. Unter loser Rinde, häufig.

Fam. Amaurobiidae. Thor.

4. Dictyna. Sund.

1. Brr. roth; Hl. hell, meist mit rothen Zeichnungen. — D. variabilis. (4).
   — schwarzbraun, ebenso die Zeichnungen des Hl. 2.

2. Die Beine schwarz. — D. latens. (3).
— — braun. 3.
3. Hl. wenigstens am Grunde oben mit schwarzem Mittelfleck. 4.
— nur mit undeutlichen Zeichnungen. — D. crassipalpis. (5).
4. Mittelfleck des Hl. kaum doppelt so lang als breit. — D. uncinata. (1).
— — — viel länger, an den Seiten gekerbt. — D. arundinacea. (2).

I. Das 4. Trgl. des ♂ in der Nähe des Grundes oben mit einem Zahn.
  A. Dieser Zahn so lang als der Durchmesser des Gliedes.
1. **D. uncinata. Thor.** Die Gth. des ♂ wie bei den andern Arten mit einem rückwärts gehenden Anhang. Das 3. Trgl. sehr dick. ♂ 3 mm, ♀ 3,5 mm. Auf Gesträuch.
  B. Der Zahn höchstens halb so lang als der Durchmesser des Gliedes.
    α. Der Zahn stumpf.
2. **D. arundinacea. L.** ♂ 3 mm, ♀ 4 mm. Auf Gesträuch und niedern Pflanzen.
    β. Der Zahn sehr klein und spitz.
3. **D. latens. Sund.** Ganze Spinne schwarz. Auf niedern Pflanzen.
II. Das 4. Trgl. des ♂ allenfalls vor dem Ende mit einem Zahn. (Fig. 31).
  A. Auch das 3. Trgl. am Ende mit einem abstehenden Zahn.
4. **D. variabilis. CK.** Das 3. Trgl. des ♂ nicht dicker als das 4. Das 2. Gl. gerade. Auf Gesträuch. ♂ 2,5 mm, ♀ 3 mm.
  B. Das 3. Trgl. des ♂ ohne Zahn, viel dicker als das 4.
5. **D. crassipalpis. sp. n.** (Fig. 31). Das 2. Trgl. des ♂ dick und gebogen. ♂ 2,5 mm, ♀ 3 mm. Unter angespülten Pflanzen am Dahmer See.

5. Lethia. Menge.

Das 3. Trgl. des ♂ mit kleinem Zahn am Ende. Die Gth. desselben ohne Anhang.
1. **L. humilis. Bl.** Brr. braun, Beine schwarz geringelt. Hl. mit Winkelflecken, die beim ♂ undeutlich sind. Grösse 2 mm. Unter Flechten.
2. **L. puta. Cambr.** Brr. und Beine braun. Hl. schwärzlich. Grösse 3 mm.

6. Amaurobius. CK.

1. Hl. vorn in der Mitte mit einem hellen Längsfleck. — A. ferox. (1).
— — — — — mit schwarzem Fleck oder Streif. 2.
2. Der schwarze Fleck breit, hinten abgestutzt. — A. fenestralis. (3). Auf dem Hl. eine schmale hinten in Flecke aufgelöste Binde. — A. claustrarius. (2).

I. Grösse 12 mm. Das 4. Trgl. das ♂ mit 3 fast gleichlangen Fortsätzen; Gth. des ♀ ein grosses kreisrundes Feld, in welchem sich hinten ein ovales Feld befindet.

1. **A. ferox. Walck.** Ganz dunkelbraun, am Grunde des Hl. drei helle Flecke. In Kellern und unter Steinen. Bei Kiel von Herrn Zietz gefunden.

II. Grösse 7—9 mm. Die 3 Fortsätze des 4. Trgl. an Länge und Dicke sehr verschieden. Gth. des ♀ anders.
   A. Der eine Fortsatz des 4. Trgl. mit einem Zahn an der Seite; die Gth. des ♀ aus 2 neben einander liegenden ovalen Feldern bestehend.
2. **A. claustrarius. Hahn.** 8—9 mm. Unter Steinen und Moos.
   B. Alle drei Fortsätze ohne Zahn; die Gth. des ♀ ein breiter mit Furchen versehenes Feld.
3. **A. fenestralis. Stroem.** 6—8 mm. Unter loser Baumrinde, häufig.

Fam. **Argyronetidae.** Menge.

7. Argyroneta. Walck. Wasserspinne.

A. aquatica. Cl. Ganzes Thier dunkelgelbbraun. ♂ 16—20 mm, ♀ 10—12 mm. In Moorgräben häufig.

Fam. **Anyphaenidae.** Bertkau.

8. Anyphaena. Sund. (Fig. 2).

A. accentuata. Walck. Brr. gelb mit dunklen Längsbinden. Beine schwarz geringelt. Hl. gelb, am Rande dunkel, in der Mitte mit 4 im Viereck stehenden schwarzen Flecken, die mitunter zu zwei Längsstreifchen zusammenfliessen. ♂ 6 mm, ♀ 7 mm. Auf Gesträuch und unter Moos, in Wäldern.

Fam. **Drassidae.** Sund. Röhrenspinnen.

9. Chiracanthium. C K.

1. **Ch. nutrix. Walck.** Ganzes Thier gelblich, Hl. ohne deutliche Zeichnung. 8—10 mm. Auf Gesträuch und niedern Pflanzen.
2. **Ch. carnifex. Fabr.** Hl. mit brauner Längsbinde. 5—7 mm. 4-Schn. und Knie zusammen kaum so lang als der Brr. Auf Gesträuch und niedern Pflanzen.

10. Drassus. Walck.

1. Brr. mit schwarzen Seitenkanten. 2.
   — ganz einfarbig. 4.
2. Grösse 10—12 mm. — D. lapidicola. (5).
   — 6—8 mm. 3.
3. Hl. rothbraun und ebenso behaart: — D. cognatus. (3).
   — graugelb. — D. pubescens. (4).

4. Grösse 10—12 mm; in Häusern. 5.
— 6—7 mm; unter Steinen. 6.
5. Der 4-Mts. deutlich länger als die 4-Schn. — D. 4-punctatus. (1).
— — nicht merklich länger als die 4-Schn. — D. scutulatus. (2).
6. Brr. rothbraun. — D. troglodytes. (6).
— schwarzbraun. — D. infuscatus. (7).

I. Die 4-Schn. auf der obern (der Beugungsrichtung gegenüberliegenden) Seite wenigstens in der Nähe des Grundes mit einem Stachel.
  A. Brr. am vordern Kopfrande nur etwa halb so breit als in der Mitte.
    α. Die h. Ma. wenigstens ebenso weit getrennt als die v. Ma., kaum oval.
      a. Die Stacheln des 4-Mts. z. Th. viel länger als der Durchmesser des Gliedes.

1. D. quadripunctatus. L. Hl. dicht anliegend grau behaart. In Häusern.
      b. Die Stacheln des 4-Mts. nicht länger als der Durchmesser des Gliedes.
2. D. scutulatus. L K. In Häusern.
    β. Die h. Ma. einander viel näher als die v. Ma.
3. D. cognatus. Westr. Unter loser Baumrinde.
  B. Brr. am Vorderrande wenigstens $^3/_4$ der mittleren Breite.
    α. Die v. Ma. weiter von einander als von den v. Sa. entfernt.
4. D. pubescenz. Thor. Grundfarbe des Brr. gelbbraun. Unter Moos und Laub.
    β. Die vordern Augen gleichweit von einander entfernt.
5. D. lapidicola. Walck. Grundfarbe des Brr. rothbraun. Länge bis 14 mm. Unter Steinen.

II. Die 4-Schn. auf der Oberseite ohne Stacheln.
  A. Der Brr., von der Seite gesehen, gebogen.
6. D. troglodytes. C K. Unter Steinen und Moos in Wäldern.
  B. Der Brr. gerade.
7. D. infuscatus. Westr. Unter Moos in Wäldern.

11. Prosthesima. L K.

Der Hl. ist immer schwarz und mit Ausnahme von P. electa auch der Brr. Bei Drassus ist beides heller oder dunkler braun.
1. Brr. gelbbraun. — P. electa. (1).
— wie der Hl. schwarz, oft mit lichter Behaarung. 2.
2. Die 1-Schl. vorn in der Nähe der Wurzel mit einem rothen durchscheinenden Fleck. 3.
— — — ganz schwarz. — P. nigrita. (4).
3. Nur das Endglied der Tarsen rothbraun. — P. serotina. (5).
Beide Tarsenglieder wenigstens am Grunde rothbraun oder gelbbraun; Hl. mit schwachem blauen Schiller. 4.

4. Schn. dunkler als Hft. und Schl., diese ins Braune. — P. petrensis. (3).
— — wie die Schl. schwarz. — P. Petiveri. (2).

I. Der Brr. länger als die 4-Schn. und 4-Kn. zusammen.
1. **P. electa. CK.** Farbe rothgelb, Seitenkanten des Brr. Hl., Knie, Schn. und Mts. schwarz. 3—4 mm. Unter Steinen an trockenen Stellen.

II. Der Brr. so lang als 4-Schn. und Knie.
  A. Der Anhang am 4. Trgl. des ♂ gerade oder nur vor dem Ende etwas gebogen; Gth. des ♀ ein nach vorn verschmälertes Feld, das ganz vertieft ist oder von einer Rinne und ausserdem jederseits von einer glänzenden Rippe eingeschlossen ist.
    α. Der Anhang am 4. Trgl. nahe dem Ende gebogen. Gth. des ♀ ein breit herzförmiges Feld.
2. **P. Petiveri. Scop.** 5—6 mm. Unter Moos und Steinen in Wäldern.
    β. Der Anhang am 4. Trgl. gerade; das vertiefte Feld zwischen den beiden Rippen der Gth. des ♀ länger als breit mit 2 nach vorn auseinandertretenden Rippchen im Innern.
3. **P. petrensis. CK.** Grösse und Aufenthalt wie vorhin.
  B. Der Anhang am 4. Trgl. des ♂ der Länge nach gebogen; Gth. des ♀ anders.
    α. Die 2-Schn. unten am Grunde mit einem Stachel; die h. Ma. näher beisammen als die v. Ma.
4. **P. nigrita. Fabr.** 4 mm. Unter Moos an feuchten Stellen.
    β. Die 2-Schn. ohne Stachel; die Ma. gleich weit entfernt.
5. **P. serotina. LK.** 5 mm. Unter Moos in Wäldern

12. Gnaphosa. Latr.

1. Der Hl. schwarz mit gleichmässig heller Behaarung. 3.
— — mit gelben oder schwarzen Flecken. 2.
2. Der Hl. mit 5 gelben Haarflecken; Brr. fast ganz gelb behaart. — G. nocturna. (1).
— — grau behaart, mit schwarzen, haarlosen Fleckenreihen. — G. cinerea. (2).
3. Die Schn. viel dunkler als die Schl. 4.
— — wie die Schl. braun. — G. muscorum. (4).
4. Tr. des ♀ ganz gelb. — G. bicolor. (5).
— — — z. Th. schwarz. — G. lucifuga. (3).

I. Die Schn. unten mit 3 Stachelpaaren.
  A. Grösse unter 6 mm.
1. **G. nocturna. L.** Beine schwarz. Hl. am Grunde mit einem grossern, gelben Haarfleck und dahinter mit 4 gepaarten. Unter Steinen.
  B. Grösse über 7 mm.

2. G. cinerea. Menge. Hellgrau; auf dem Brr. mit 4 schwarzen Flecken und auf dem Hl. mit 2 Fleckenreihen. 7—9 mm. Unter Flechten.

II. Die 1-Schn. nur mit einzelnen Stacheln.
 A. Die 3-Schn. unten mit 3 Stachelpaaren, vorn mit 3 einzelnen Stacheln, aber hinten und oben ohne Stacheln.

3. G. lucifuga. Walck. 15 mm. Unter Steinen.
 B. Die 3-Schn. auch hinten und oben mit Stacheln.
  α. Die Augen der vorderen Reihe gleich gross.

4. G. muscorum. L. K. Grösse 10 mm. Unter Moos in Tannenwäldern.
 β. Die v. Sa. grosser als die Ma.

5. G. bicolor. Hhn. Brr. braun, am Rande dunkler, Beine gelb, Knie, Schn. und Ts. dunkler. 6—8 mm. Unter Steinen und Moos.

13. Micaria. Westr.

1. Die 1- und 2-Schl. dunkler als die Schn. 2.
 — — — — nicht dunkler. — M. fulgens. (2).
2. Die 3- und 4-Schl. ebenso dunkel als die 1- und 2-Schl. Die vordere, weisse Binde über den Hl. breit. — M. formicaria. (3).
 — — — — z. Th. heller, die beiden Querbinden des Hl. schmal. 3.
3. Kopf hinten mit zwei ovalen, hellen Haarflecken. — M. nitens. (4).
 — — ohne diese Flecke. — M. pulicaria. (1).

I. Die 3-Schl. mit 2 Stacheln oben, und einem hinten am Ende.
 A. Die 4-Schl. nur mit einem Stachel oben am Grunde.

1. M. pulicaria. Sund. 5 mm. Unter Moos und Steinen. Bei Kiel von Herrn Zietz gefunden.
 B. Die 4-Schl. wie die 3-Schl. bestachelt.
2. M. fulgens. Walck. 5—6 mm. Unter Moos und Steinen.

II. Die 3-Schl. nur mit einem Stachel oben, am Grunde.
 A. Die 3- und 4-Schn. unten mit 3 Stachelpaaren.

3. M. formicaria. Sund. 4,5—6 mm. Von der vorigen auch durch das Fehlen der Schuppen auf den Mandibeln verschieden. Unter Moos.
 B. Die 3- und 4- Schn. ohne Stachelpaare.
4. M. nitens. CK. 4 mm. Unter Moos. Neustadt.

14. Phrurolithus. CK.

Ph. festivus. CK. Brr. dunkelbraun. Beine braungelb, 1- und 2-Schl. z. Th. schwarz. Hl. schwarz, mit weissen Haarflecken. 2—2,5 mm. Unter Moos und Steinen. Am Plöner See von Herrn Zietz gefunden.

15. **Clubiona. Walck.** (Fig. 28).

1. Brr. mit schwarzer Seitenkante. 2.
   — ohne schwarzen Rand; oder ganz schwarz. 3.
2. Hl. braun mit undeutlichem Mittelstreif. — Cl. pallidula. (7).
   — in der Mitte gelb, mit dunklem Mittelstreif. — Cl. corticalis. (6).
3. Brr. und Hl. ganz braun bis schwarz. 4.
   — lichtgelb nur vorn bisweilen dunkler. 7.
4. Auch die Beine gelbbraun. 5.
   Die Beine blassgelb. — Cl. brevipes. (2).
5. Kopf mit 3 schwarzen Längsstrichen. — Cl. grisea. (12).
   — ohne schwarze Längsstriche. 6.
6. Grösse 8—9 mm. — Cl. pallidula var. (7).
   — 3—4 mm. — Cl. trivialis var. (4).
   — 6—7 mm. — Cl. caerulescens var. (1).
7. Hl. in der Mitte hell, mit dunklem Längsstreif, der hinten bisweilen in Flecke aufgelöst ist. 8.
   — ganz gelb. Grösse 3—4 mm. — Cl. trivialis. (4).
   — — gelbbraun bis dunkelbraun nur bis zur Mitte mitunter ein dunkler Mittelstreif erkennbar. 9.
8. Grösse etwa 2 mm. — Cl. subtilis. (3).
   — — 5—6 mm. — Cl. compta. (5).
   — — 7—8 mm. — Cl. erratica. (11).
9. Grösse: ♂ 5 mm, ♀ 7 mm. — Cl. frutetorum. (9).
   — ♂ 6 mm, ♀ 8 mm. 10.
   — ♂ 7 mm, ♀ 8—9 mm. — Cl. holosericea. (10).
10. Brr. hellgelb vorn bräunlich. Cl. lutescens. (8).
    — etwas schmutziggelb. — Cl. caerulescens. (1).

I. Der Anhang an dem 4. Trgl. des ♂ so breit wie die Trkh.; Gth. des ♀ entweder weit abstehend vorragend oder mit 2 grossen, runden, breit getrennten Gruben.
   A. Grösse 6—7 mm. Gth. des ♀ weit vorragend. Fortsatz des 4. Trgl. mit 3 Zipfeln, schwarz.
1. **Cl. caerulescens. L K.** Auf Gesträuch.
   B. Grösse 4—5 mm. Gth. des ♀ zwei von der Querspalte entfernte, unter sich um ihre Breite getrennte Gruben, und in der Mitte dahinter eine kleinere.
2. **Cl. brevipes. Bl.** Unter Rinde. Dahme. Die 3-Schn. des ♀ unten mit einem Stachel.

II. Der Fortsatz des 4. Trgl. des ♂ nicht sehr dick; die Gth. des ♀ anders.
   A. Grösse 2—4 mm. 4. Trgl. des ♂ nur mit einem oft sehr kleinen, einfachen Zahne an der Spitze. Gth. des ♀ hinten, in der Mitte mit runder Grube.
     a. Grösse 2 mm. Der Zahn des 4. Trgl. sehr kurz; Gth. des ♀ vor der kleinen Grube mit grösseren flachen Gruben.

3. **Cl. sultilis. L K.** Auf Gebüsch.
   β. Grösse 3—4 mm. Der Zahn am 4. Trgl. ziemlich lang; Gth. des ♀ nur mit einer Grube, auf vorragender Ecke.

4. **Cl. trivialis. C K.** Auf Bäumen.
   B. Grösse: wenigstens 4 mm.
   A. Die 3-Schn. unten mit nur 1 Stachel.

5. **Cl. compta. C K.** 4. Trgl. des ♂ mit langem, gebogenen, borstenförmigen Anhang. Gth. des ♀ ein mit einem Rahmen umgebenes, hinten kurz zugespitztes Feld. 4 mm. Auf Tannen.
   B. Die 3-Schn. unten mit 2 Stacheln.
   a. Das 4. Trgl. des ♂ ohne Anhang; Gth. des ♀ etwas vorragend.

6. **Cl. corticalis. Walck.** Auf Gesträuch. 6 mm.
   b. Das 4. Trgl. des ♂ mit 2 Anhängen, oder nur ein Anhang und dieser am Grunde unter den Gth. mit einem Zahn; Gth. des ♀ eine oder 2 Gruben, unmittelbar an der Querspalte und davor ein ovales, erhabenes Feld.
   α. Das 4. Trgl. mit einem dicken, stark gekrümmten Fortsatz, der unten einen kleinen versteckten Nebenzahn trägt; Gth. des ♀ 2 getrennte, unregelmässige Gruben, hinter denen noch je ein Höcker steht.

7. **Cl. pallidula. Cl.** Grösse 8—10 mm. Gebüsch. Im Winter häufig unter Rinde.
   β. Das 4. Trgl. mit 2 Anhängen oder mit einem geraden, gezähnten Anhang; Gth. des ♀ 2 runde, oder zusammenfliessende Gruben.
   * Der einzige, gerade Anhang des 4. Trgl. trägt unter dem Gth. einen langen Zahn; das erhabene, ovale Feld vor der Quergrube der Gth. des ♀ ein wenig quer eingedrückt.

8. **Cl. lutescens. Westr.** Im Grase.
   ** Es sind 2 Anhänge am 4. Trgl. vorhanden, oder nur einer und dieser dann oben. Gth. des ♀ ohne Quereindruck.
   † Das 4. Trgl. mit 2 gleich langen, stumpfen Anhängen; die Gth. des ♀ in der Mitte breit zurücktretend.

9. **Cl. frutetorum. L K.** Auf Gesträuch.
   †† Das 4. Trgl. mit 2 sehr ungleichen Fortsätzen; Gth. des ♀ nicht breit zurücktretend.
   ο Das 4. Trgl. nur mit einem, am Grunde gezähnten Fortsatz; Gth. des ♀ 2 kleine getrennte Grübchen.

10. **Cl. holosericea. De G.** Auf Wasserpflanzen.
    οο Unter den Gth. liegt beim ♂ aussen ein langer, spitzer, schwarzer, ästiger Fortsatz. Gth. des ♀ anders.
    δ Der lange Fortsatz des 4. Trgl. mit 2 fast gleichen Widerhaken in der Mitte; Gth. des ♀ vor der Grube fast glatt.

11. **Cl. erratica. C K.** Auf Tannen.
    δδ Der Fortsatz des 4. Trgl. mit einem Widerhaken; Gth. des ♀ stark quer gerunzelt.

12. **Cl. grisea. L K.** 4—5 mm. Auf niedern Pflanzen.

16. Agroeca. Westr.

A linotina. CK. Ganz schmutzig rothbraun. 8—9 mm. Gth. des ♀ T-förmig. Unter Moos in Wäldern.

17. Apostenus. Westr.

A. fuscus. Westr. Braun, Hl. dunkler, mit hellen Winkelflecken und Punkten. 3—4 mm. Unter Moos und andern Pflanzen.

18. Zora. CK.

Z. maculata. Bl. Gelb. Brr. mit 2 braunen Längsbinden, Hl. mit 3 Fleckenreihen. 4—6 mm. Unter Moos etc.

Fam. Agalenidae. Thor. Trichterspinnen.

19. Cryphoeca. Thor.

Cr. silvicola. CK. Gelbbraun, Hl. schwärzlich, mit gelber Rückenbinde, in welcher sich vorn ein schwarzer Keilfleck befindet. $2^1/_2$—3 mm. Unter Moos und Laub.

20. Phylloeca. n. g. (Fig. 11, 12 und 34).

Die h. Ma. doppelt so weit von einander als von den v. Sa. entfernt. Das 2. Glied der obern Spinnwarzen klein. Tstr. des ♀ ohne Kralle. (Fig. 11).

Ph. marginata. n. sp. Da ich diese kleine Spinne, die ich auf Gebüsch im Schwarzwald, aber nur in weiblichen Exemplaren fand, in keinem mir bekannten Genus unterzubringen wusste, habe ich für sie ein neues aufgestellt.

Braungelb; Hl. weisslich, an jeder Seite mit dunklem Rande und Andeutung eines dunklen Rückenstreifens. 1,7 mm.

21. Coelotes. Bl.

C. atropos. Walck. Braun, Brr. nach vorn dunkler, namentlich die knieförmig vortretenden Mandibeln; Hl. schwarzgrau mit hellen winkelförmig gestellten Querflecken. 10—12 mm. Unter Steinen in Wäldern.

22. Hahnia. CK.

H. pusilla. CK. Braungelb, Hl. graugelb, mit hellen Winkelflecken. Nur das 3. und 4. Trgl. des ♂ innen mit einem Anhang. 1,5—2 mm. Unter Moos, im Winter.

H. pratensis. CK. Rothbraun, Hl. schwärzlichgrau, mit 2 Reihen winkelförmig gestellter, heller Querflecken. Auch das 2. Trgl. des ♂ innen, in der Mitte mit fingerförmigem Anhang. 3 mm. Unter Pflanzen an sumpfigen Waldstellen. Voorde.

23. Tegenaria. Walck.

1. Br. und Hl. einfarbig. — T. cinerea. Panz. (1).
— schwärzlich mit hellem Keilfleck in der Mitte und 3 runden Flecken an den Seiten, Hl. nicht einfarbig. 2.
2. Hl. oben mit rothbraunem Mittelbande und jederseits davon weisse und schwarze Flecke. — T. domestica. (3).
— — — 3—5 Reihen schwarzer, unregelmässiger Flecke. — T. Derhami. (2).

I. Der Mts. unten mit 3—4 Paaren anliegender Stacheln.
1. **T. cinerea.** Panz. Rothbraun, Hl. gelbgrau. 6—7 mm. Unter Moos in Wäldern.
II. Der Mts. unten ohne regelmässige Stachelpaare.
 A. Der Oberrand der kleinern v. Ma. ist, wenn man den Kopf von vorn sieht, etwas niedriger als der der v. Sa.
2. **T. Derhami.** Scop. 7—10 mm. In Häusern, sehr gemein.
 B. Der Oberrand der etwas grossern v. Ma. ist viel höher als der der Sa.
3. **T. domestica.** Cl. Die Ringe der Beine doppelt. 10—14 mm. In Häusern, nicht so gemein als die vorige.

24. Agalena. Walck.

1. **A. labyrinthica.** Cl. Braungelb, Brr. mit dunklen Seitenbinden vor dem Rande. Hl. schwärzlich mit 2 Reihen winkelförmig gestellter heller Querflecken. Der Fortsatz unten am 4. Trgl. beim ♂ mit einfachem Ende. 8—12 mm. Auf Gesträuch.
2. **A. similis.** Keys. Zwischen den hellen Flecken des Hl. ein brauner Längsstreif. Der Fortsatz unten am 4. Trgl. des ♂ am Ende zweispitzig.

25. Textrix. Sund.

T. lycosina. Sund. Brr. schwarz, mit weissem Rückenstreif, Hl. schwärzlich, mit rothbraunem, an den Rändern weiss gefleckten Rückenbande. Beine geringelt. 7—8 mm. In Häusern. Dahme.

V. Unterordn. Citigradae. Thor.

1. Die 4 vordern Augen im Viereck an der Vorderseite des Kopfes; die 1-Mts. länger als die 4-Mts. — Oxyopes. (8).
— v. Ar. gerade oder fast gerade. (Fig. 3). 2.
2. Das h. Sa. viel weiter vom andern h. Sa. als vom gegenüberliegenden h. Ma. entfernt. (Fig. 20). 3.
— — — oft noch näher beim andern h. Sa. (Fig. 6). 4.

3. V. Sa. bedeutend grösser als das v. Ma. (Fig. 6). — Ocyale. (2).
— — nicht grösser als die v. Ma. — Dolomedes. (1).
4. Kopf sehr hoch, fast der Länge der Mandibeln gleich, oder höher; die Seiten (von vorn gesehen) fast senkrecht. (Fig. 3a). 5.
— meist viel niedriger als die Länge der Mandibeln; Seiten schräg abgedacht. (Fig. 3b). 6.
5. Die h. Sa. (Brr. von oben gesehen) fast ein wenig über den untern Seitenrand vorstehend. — Aulonia. (7).
— — — vom Rande entfernt erscheinend. — Lycosa. (6).
6. Die Aussenränder der v. Sa. meist viel näher zusammen als die der h. Ma. (Fig. 3b). Brr. schwarzbraun, stets mit einer breiten hellbraunen, hell behaarten Längsbinde, die von einer feinen schwarzen Linie der Länge nach getheilt ist. — Tarantula. (5).
— — — — — ebenso weit auseinander, als die der h. Ma. (die helle Binde des Brr., wenn vorhanden, vorn durch zwei schwarze Linien getheilt. (Fig. 6). 7.
7. Die v. Ma. viel grösser als die v. Sa. (Fig. 6). — Trochosa. (3).
— — — nicht oder kaum grösser als die v. Sa. — Pirata. (4).

Fam. **Lycosidae.** Sund. Wolfspinnen.

1. Dolomedes. Walck.

D. fimbriatus. Cl. Brr. gelbbraun mit breitem, weissen Rande. Hl. mit braunem Laubfelde. Beine gelblich. Brr. bedeutend länger als breit. ♂ 10 mm, ♀ 20 mm. An Teichufern. Von Herrn Zietz am Gobersdorfer See gefunden.

D. plantarius. Cl. Brr. ohne Seitenbinde, kaum länger als breit. An Teichufern. 10—12 mm.

2. Ocyale. Sav. (Fig. 20).

O. mirabilis. Cl. Brr. braun, dicht gelb behaart. Br. braun mit gelbem Längsstreif, Hl. gelb mit dunklem, blattförmigen Rückenfeld. ♂ 10 mm, ♀ 14 mm. Auf niedern Pflanzen in Wäldern.

3. Trochosa. CK.

1. Brr. dunkelbraun, mit einer hellen Mittelbinde; Hl. dunkel, mit hellem Spiessfleck am Grunde. (Fig. 6). 2.
— mit dunklen Strahlenstreifen oder ganz hell; Hl. namentlich mit zwei Längsreihen schwarzer oder rothbrauner Flecke. 3.
2. Die helle Mittelbinde vorne, an den Seiten mit schmalen Nebenstreifen, die hinten fast rechtwinklich zur Mittelbinde umbiegen. — T. ruricola. (4).

Die helle Mittelbinde ebenso, aber die Nebenstreifen im flachen Bogen in diese einlaufend (Fig. 6). — T. terricola. (3).
3. Seiten des Hl. am Grunde fast schwarz. — T. picta. (1).
— — — ganz gelbgrau. — T. cinerea. (2).

I. Die v. Ma. doppelt so weit von einander als von den v. Sa. entfernt.
    A. Das 4. Trgl. des ♂ kaum so lang als das 3., nicht doppelt so lang als breit; Gth. des ♀ zwei sehr stark divergirende Gruben.
1. **T. picta.** Hhn. ♂ 5 mm, ♀ 7 mm. Am Meeresufer, im Sande und unter Pflanzen.
    B. Das 4. Trgl. des ♂ länger als das 3., doppelt so lang als breit; Gth. des ♀ zwei weniger divergirende Gruben.
2. **T. cinerea.** F. ♂ 12 mm, ♀ 15 mm. Wie die vorige unter Strandpflanzen etc.
II. Die v. Ma. nicht oder kaum weiter von einander als von den v. Sa. entfernt.
    A. Der 1-Mts. des ♂ in der Mitte verdickt, der Ts. heller als dieser; Gth. des ♀ zwei durch eine Leiste getrennte, hinten nach aussen umbiegende Gruben, in denen sich hinten ein Höcker oder Vorsprung befindet.
3. **T. terricola.** Thor. ♂ 6—7 mm, ♀ 10—12 mm. Unter Moos, in Wäldern, das ganze Jahr hindurch.
    B. Der 1-Mts. nicht verdickt; die Gruben der Gth. des ♀ ohne Höcker.
4. **T. ruricola.** DG. ♂ 12 mm, ♀ 18 mm. Unter Steinen, seltener.

4. Pirata. Sund.

1. Die Beine mit deutlichen Ringen. 2.
— — ganz ohne dunkle Ringe. 3.
2. Die Haut des Brr. schwarz, die Behaarung heller. — P. leopardus. (1).
— — — — mit gelber, vorn getheilter Mittelbinde. — P. hygrophilus. (4).
3. Grösse 6—7 mm. — P. piraticus. (2).
— 9—10 mm. — P. piscatorius. (3).

I. Die Trk. des ♂ von oben gesehen nicht dicker als das 4. Trgl. am Ende; Gth. des ♀ 2 ziemlich weit getrennte Gruben.
1. **P. leopardus.** Sund. Hl. schwarz, durch die Behaarung gelb gefleckt. Beine schwarz geringelt. ♂ 6 mm, ♀ 10 mm. Am Gruber See unter Pflanzenresten.
II. Die Trk. viel dicker als das 4. Trgl. Gth. des ♀ nicht aus 2 Gruben bestehend.
    A. Das 4. Trgl. des ♂ doppelt so lang als breit. Trk. nicht so dick als die 1-Schl; Gth. des ♀ zwei nach vorn auseinander tretende Rippen.
2. **P. piraticus.** Cl. Gelbe Binde des Brr. vorn durch zwei sich hinten spitz vereinigende schwarze Streifen getheilt. 6—7 mm. An stehenden Gewässern.

B. Das 4. Trgl. nicht doppelt so lang als breit, Trk. so dick als die 1-Schl.; Gth. des ♀ zwei x-förmige Erhöhungen, die mitunter nur hinten durch eine Furche getrennt sind und die je einen Höcker umgeben.
    α. Die v. Ma. grösser als die v. Sa; Grösse über 8 mm.
3. P. piscatorius. Cl. Grösse 9—10 mm. An stehenden Gewässern.
    β. Die v. Ma. nicht grösser; Grösse unter 7 mm.
4. P. hygrophilus. Thor. ♂ 5 mm, ♀ 6 mm. Br. mit gelbem Längsstreif oder ganz gelb. Brr. wie bei P. piraticus. Beine schwach dunkel geringelt. An sumpfigen Stellen. Läuft, wie der ebenso häufige P. piraticus geschickt auf der Oberfläche des Wassers.

5. Tarantula. Sund.

1. Der Bauch schwarz. 2.
  — — grau oder hellbraun. 3.
2. Hl. mit schwarzem Längsfleck am Grunde; Brr. mit grauweissen Seitenbinden. — T. fabrilis. (6).
  — nur mit dunklen Punkten an den Seiten; Brr. an den Seiten mit verlorener rothbrauner Behaarung. — T. inquilina. (7).
3. Die helle Mittelbinde des Brr. wenigstens theilweise mit schwarzer Mittellinie. 4.
  — — — ohne Mittelstreif. — T. meridiana. (4).
4. Hl. oben, am Grunde mit deutlichem, hinten spitzen Spiessfleck (wenigstens in der Behaarung). 5.
  — — — — mit einem hinten abgestutzten, an den Seiten gezähnten Längsfleck. — T. andrenivora. (5).
5. Grösse 9—12 mm. — T. aculeata. (1).
  — 5—8 mm. 6.
6. Haut des Brr. mit breiten hellen Seitenbinden. — T. cuneata. (2).
  — — — an den Seiten schwarz; Behaarung mehr ins Braune. — T. pulverulenta. (3).

I. Die Trk. des ♂ in der Mitte der Gth. mit einem, einfachen, am Grunde nach aussen erweiterten Zahn; Gth. des ♀ eine tiefe, ovale, etwas viereckige Grube, längs deren Boden eine breite Leiste läuft.
  A. Die 4-Schn. und Knie zusammen nicht länger als der Brr. Grösse des ♂ 9—10 mm, des ♀ 10—12 mm.
1. T. aculeata. Cl. Auf Wiesen. Von dieser unterscheidet sich T. trabalis Cl. durch scharfe helle Seitenbinden auf dem Brr. In Nadelholzwaldungen.
  B. Die 4-Schn. ein wenig länger als der Brr. Grösse 6—8 mm. (♀ selten bis 9 mm).
    α. Die 1-Schn. des ♂ sehr stark verdickt. Neben der, durch die Grube der Gth. des ♀ verlaufenden Längsleiste hinten jederseits ein Höcker.
2. T. cuneata. Cl. Auf Wiesen.
    β. Die 1-Schn. des ♂ nicht verdickt; die Leiste der Gth. hinter der Grube in eine Querleiste erweitert.

3. T. pulverulenta. Cl. An stehenden Gewässern und auf Wiesen.
II. Die Gth. des ♂ und ♀ anders.
  A. Die Trk. des ♂ am Ende der Gth. mit einem zweispitzigen Zähnchen und einem kleinen, stumpfen Anhang daneben. Gth. des ♀ breiter als lang, 2 ovale Grübchen, je mit einem Höcker im Innern.
4. T. meridiana. Hhn. ♂ 5 mm, ♀ 7 mm. In trockenen Waldungen.
  B. Die Trk. nur in der Mitte der Gth. mit Zahn; Gth. des ♀ länger als breit.
    α. Trk. des ♂ mit einem langen, gebogenen Dorn; Gth. des ♀ eine flache Grube, deren Vorderrand stark gehoben ist.
5. T. andrenivora. Walck. Auf Waldwiesen. ♂ 7—8 mm, ♀ 9—12 mm.
    β. Trk. ohne langen Dorn; Gth. des ♀ vorn nicht stark gehoben.
      a. Trk. (von innen gesehen) mit zweispitzigem Zahn, Gth. des ♀ eine, von einer niedrigen Rippe durchzogene, hinten von einer Querrippe eingefasste Grube.
6. T. fabrilis. Cl. 15—17 mm. Auf Feldern.
      b. Trk. nur mit stumpfem Anhang; Gth. des ♀ zwei J.-förmig auseinandertretende Rippen.
7. T. inquilina. Cl. 13—15 mm. An trockenen Plätzen.

6. Lycosa. Latr.

1. Die Mittelbinde des Brr. nach vorn zugespitzt und scharf begrenzt. 2.
  — — — — vorn breit endigend. 3.
2. Die Binde allmählich verschmälert und spitz auslaufend. — L. monticola (2) und palustris. (1).
  — — hinter dem Kopfe plötzlich verengt und dann mit kurzer Spitze. — L. hortensis. (4).
3. Die helle Mittelbinde hinter dem Kopftheil tief, schwarz eingeschnitten und dann erweitert, Beine schwarz geringelt. 4.
  — — — nicht tief eingeschnitten, weniger hell, mitunter fast ganz fehlend. 5.
4. Die vordere Erweiterung braun, die Binde hinten heller, gelbbraun. — L. amentata. (5).
  — — — wenigstens in der Mitte, wie die ganze Binde, hellgelb. — L. monticola. (2).
5. Die Behaarung der Mittelbinde beim ♂ weiss, beim ♀ hellgelbbraun, scharf abgegrenzt. — L. lugubris. (6).
  — — — — weniger scharf von der der Umgebung abweichend. 6.
6. Die Beine scharf dunkel geringelt und gefleckt. 7.
  — — mit wenig deutlichen Ringen oder einfarbig. 8.
7. Der Hl. mit vielen hellen Haaren fleckig übersäet. — L. riparia. (8).
  — — oben schwarz, fast nur mit 2 Reihen kleiner heller Pünktchen. — L. prativaga. (9).

8. Grösse etwa 4—5 mm. — L. pullata. (7).
— etwa 7—8 mm. — L. paludicola. (3).

I. Die Trk. des ♂ an den Gth. (von vorn und innen gesehen) mit zwei stumpfen Anhängen, einem kurzen an der Basis und einem längern, fast winklich gebogenen in der Mitte; Gth. des ♀ eine grosse, erhabene, glänzend braunschwarze Platte.
   A. Der 1-Mts. des ♂ (von oben gesehen) viel dicker erscheinend als der 2-Mts., namentlich wegen der starken Behaarung. Die glänzende Platte der Gth. des ♀ hinten stark erweitert, fast dreimal so breit als vorn.

1. **L. palustris. L.** Namentlich auf Torfmooren. Grösse 5—7 mm.
   B. Der 1-Mts. des ♂ nicht dicker oder stärker behaart als der 2-Mts.; Die Gth. des ♂ hinten kaum breiter als vorn.

2. **L. monticola. Cl.** Ich habe mich vergeblich bemüht, constante Formunterschiede für die hierher gehörenden Arten aufzufinden. Die von den Autoren angegebenen erwiesen sich als unbrauchbar. Am beständigsten fand ich noch eine unter trockenem Seegras am Ostseestrande bei Dahme gefundene, in Farbe mit L. monticola übereinstimmende Form, welche ich L. maritima nenne. Ich reihe hier alle nach ihrer Farbe aneinander:
   a. Mittelbinde des Brr. vorn breit endend, am Kopfhinterrande tief eingeschnitten.
      α. Die Seitenbinden des Brr. zusammenhängend.

   L. agrestis. Westr. Ziemlich selten.
      β. Die Seitenbinden des Brr. in gelbe Flecke aufgelöst.

   L. agricola. Thor. Etwas häufiger. Beide besonders auf trockenem Boden.
   b. Mittelbinde des Brr. nach vorn verschmälert und zugespitzt.
      α. Die Beine des ♀ mit schwachen Ringen. Die Tarsenglieder des ♂ alle gelb, nur an der Spitze dunkler.

   L. monticola. Cl. Behaarung des Bauches meist gelblich. Häufig auf Wiesen etc.
      β. Das Tarsenglied der 1-Beine des ♂ wenigstens an der Spitzenhälfte schwarz; Beine des ♀ meist ganz ohne dunkle Ringe. Bauch reinweiss behaart.

   L. maritima. m. Hl. im Spiritus braun erscheinend. Der Vorderrand der hier etwas eingesenkten, glänzenden Platte der Gth. des ♀ auch nach Entfernung der Haare in der Mitte mit einer scharfen Ecke tief nach hinten vortretend. Männchen mit schwarzem 1-Ts. habe ich nur und zwar in grösserer Menge mit diesen Weibchen susammen gefunden.

II. Trk. des ♂ an der Basis der Gth. mit sehr langem, spitzen Anhang oder ganz ohne Anhang. Gth. des ♀ aus 1, 2 oder 4 flachen Gruben bestehend. In der Mitte der Länge nach mit einer χ-förmigen Leiste, die aber vorn (oder ganz) undeutlich werden kann.
   A. Die Trkh. des ♂ aussen mit einem tiefen Eindruck, Fortsatz der Gth. fehlt; Gth. des ♀ (von hinten gesehen) vorn in einer runden Mittelgrube endigend, indem die Mittelleiste hier undeutlich wird.
      α. Brr. und Beine mit rauher Behaarung.

3. **L. paludicola. Cl.** ♂ 7 mm, ♀ 8 mm. Mittelbinde des Brr. undeutlich. Gth. des ♀ sehr lang und schmal, löffelförmig.
   β. Brr. und Beine anliegend behaart.

4. **L. hortensis. Thor.** ♂ 5 mm, ♀ 6 mm. Die Gth. des ♀ hinten stark erweitert und hier mit breiter Mittelleiste. An trockenen Orten.
   B. Die Trkh. des ♂ ohne Eindruck; Die Mittelleiste der Gth. des ♀ vorn nicht undeutlicher (nur bei L. lugubris ganz undeutlich).
      α. Der Anhang der Trk. des ♂ weit von der übrigen Masse getrennt; die Gth. des ♀ nicht breiter als lang.
         a. Anhang des Trk. des ♂ gerade, Trkh. nicht doppelt so lang als breit; die beiden langen Gruben der Gth. des ♀ durch je einen Höcker in 2 getheilt.

5. **L. amentata. Cl.** 6—7 mm. Die gemeinste Lykoside; fast überall.
         b. Anhang der Trk. am Grunde gebogen, Länge der Trkh. weit über doppelte Breite, Gth. des ♀ eine hinten stark erweiterte Grube.

6. **L. lugubris. Walck.** ♂ 4—5 mm, ♀ 6—7 mm. In Wäldern, namentlich auf trockenem Laube.
   β. Der Anhang der Trk. den andern Theilen eng anliegend; Gth. des ♀ zwei durch eine breite Leiste getrennte, breit dreieckige, flache Gruben.
      a. Die freie Spitze der Trkh. halb so lang als der übrige Theil; die der Mittelleiste anliegende Seite der Gruben der Gth. des ♀ am längsten.

7. **L. pullata. Cl.** (= L. badia. Menge). ♂ 4 mm, ♀ 5 mm. Namentlich auf Torfmooren.
      b. Der freie Theil der Trkh. ³/₄ so lang als der übrige Theil. Die Gruben der Gth. haben nach hinten und aussen die längste Seite.
         * Der Anhang der Trk. sehr lang. Die Vorderseite der Gruben der Gth. der ♀ ausgerandet, die Leiste zwischen ihnen nach hinten am schmalsten.

8. **L. riparia. CK.** 4—6 mm. Auf Wiesen.
         ** Der Anhang der Trk. kürzer; die Gruben der Gth. an der Vorderseite gerade, die Leiste nach vorn am schmalsten.

9. **L. prativaga. LK.** 4—6 mm. Auf Wiesen.

7. Aulonia. CK.

A. albimana. Walck. Brr. und Hl. schwarz; Beine gelb nur die 1-Schl. schwarz. Tr. schwarz das 3. Glied weiss. 4—5 mm. Unter Steinen und Laub.

Fam. **Oxyopidae.** Thor.

8. Oxyopes. Latr.

O. ramosus. Panz. Die 4 hintern Augen eine in der Mitte nach hinten gebogene Reihe bildend. 5—6 mm. In Tannenwäldern.

VI. Unterordn. Laterigradae. Thor.

1. Die 1- und 4-Schn. vollkommen gleich lang. 2.
— 1-Schn. (wie die ganzen Beine), bedeutend länger als die 4-Schn. 4.
2. Der Hl. lang gestreckt, in der vordern Hälfte am breitesten. (Fig. 18). 3.
— — breit, im hintersten Drittel am breitesten und nach hinten kurz zugespitzt. (Fig. 16). — Philodromus. (3).
3. Die hintere Augenreihe, (von oben gesehen), in der Mitte ein wenig nach hinten gebogen — Micrommata. (1).
— — — in der Mitte nach vorn gebogen. — Thanatus. (2).
4. Die vordere Augenreihe, von vorn gesehen, gerade, Hl. sehr flach gedrückt. — Coriarachne. (10).
— — — in der Mitte nach unten gebogen. 5.
5. Die v. Sa. nicht grösser als die v. Ma — Misumena. (6).
— — — bedeutend grösser als die v. Ma. 6.
6. Der Hl. hinten jederseits mit einem sehr starken Höcker. — Pistius. (4).
— — — abgerundet. (Fig. 15) 7.
7. Die h. Ma. weiter von den v. Ma. als von einander entfernt. — Diaea. (5).
— — — — einander entfernt. 8.
8. Die v. Ma. einander weit näher als die h. Ma. — Synema (7).
— — — — nicht oder kaum näher. 9.
9. Die 1-Schl. mit 0—3 Stacheln, die 1-Schn. nur unten mit 2 Stachelpaaren (und mitunter einem St. am Ende). — Oxyptila. (9).
— — mit grossen und kleinen Stacheln, die 1-Schn. unten mit wenigstens 3 Stachelpaaren und unregelmässigen Stacheln vorn und hinten. — Xysticus. (8).

Fam. Philodromidae. Menge.

1. Micrommata. Latr.

M. virescens. Cl. Ganz hellgrün, vorn auf dem Hl. ein dunklerer Mittelstreif. Beim ♂ der Hl. roth mit 2 gelben Längsstreifen. Bei der var. M. ornata Walk., die in Form genau mit M. virescens übereinstimmt, ist der ganze Körper mit rothen Punkten übersäet; ausgenommen sind nur 2 Längsstreifen auf Hl. und Brr. Ich fand diese var. nur im Herbst oder Winter unter Moos etc., die grüne dagegen nie, und halte sie deshalb für eine überwinternde Form derselben. Eine ähnliche Winterfärbung findet sich auch bei andern Spinnen z. B. bei Thanatus oblongus, Epeira cucurbitina etc.

2. Thanatus. C K.

1. Der dunkle Mittelstreif auf dem Hl. nur auf der vordern Hälfte, breit lanzettlich. 2.
— — — — — — gleichbreit bis zu den Spinnwarzen ziehend. — T. oblongus. (1).
2. Hinter dem Rückenstreif des Hl. an den Seiten nur dunkle Flecke. — T. formicinus. (2).
— — — — — — — — gebogene Linien mit dunklem Schatten, welcher nur eine helle Mittellinie freilässt. (Fig. 18). — T. arenarius. (3).

I. Der Hl. über dreimal so lang als breit.
1. Th. oblongus. Walck. Blassgelblich, Brr. und Hl. mit drei dunkleren Längsbinden, die mittlere des Brr. vorn gegabelt. 6—8 mm. Auf Pflanzen.
II. Der Hl. nicht dreimal so lang als breit. (Fig. 18).
   A. Das 4. Trgl. des ♂ aussen mit einem kleinen, spitzen Fortsatz; Gth. des ♀ ein von Wülsten eingefasstes, sehr langes Feld.
2. Th. formicinus. Cl. 5—7 mm. Im Sande und auf niedern Pflanzen.
   B. Das 4. Trgl. des ♂ mit einem, am Ende erweiterten und abgestutzten Zahne; das Feld der Gth. des ♀ fast so breit als lang.
3. Th. arenarius. Thor. (Fig. 18). Mit voriger.

3. Philodromus. Walck.

1. Brr. auch hinten mit scharfbegrenzter, heller Mittelbinde. 2.
— allenfalls mit heller Kopfplatte und hinterer Abdachung. 5.
2. Die dunklen Seitenbinden des Brr. hinten mit einer Reihe grosser, runder, heller Flecke. — Ph. fallax. (4).
— — — — — einfach oder nur hell punktirt. (Fig. 16). 3.
3. Schl. mit feinen schwarzen Punkten. — Ph. dispar. (1).
— nicht schwarz punktirt. 4.
4. Die Beine mit dunklen Ringen. — Ph. cespiticolis. (6).
— — ohne dunkle Ringe. — Ph. aureolus. (5).
5. Oberseite des Hl. immer, wenigstens an den Seiten und hinten mit weisslichen Flecken. 6.
— — — ohne helle Flecke. 7.
6. Beine stets nur mit grössern, dunklen Flecken und Feldern. — Ph. pallidus. (7).
— daneben mit kleinen Punkten. — Ph. margaritatus. (3).
7. Der Hl. oben schwärzlich, scharf weiss gerandet. — Ph. dispar ♂ (1).
— — — graubraun. — Ph. fuscomarginatus. (2).

I. Hl. vorne vollkommen gerundet.
  A. Die v. Sa. weit grösser als die v. Ma. oder die 1-Schn. unten mit 4—5 Stachelpaaren.
    α. Die 1-Schn. unten mit 5 Stachelpaaren.
      a. Die v. Sa. wenig grösser als die v. Ma.

1. **Ph. dispar. Walck.** Hl. mit blattförmigem, innen hellen, aussen dunklen Rückenfelde, beim ♂ ganz dunkel. Beine hellgelb, fein punktirt. ♂ 4 mm, ♀ 5 mm. Auf Gebüsch etc.
      b. Die v. Sa. weit grösser als die v. Ma.
2. **Ph. fuscomarginatus. De G.** (Artanes f.) Ganz braungrau, am Rande heller. 6—7 mm. An Baumstämmen.
    β. Die 1-Schn. unten mit 3—4 Stachelpaaren, am Ende meist ohne Stacheln.
3. **Ph. margaritatus. Cl.** (Artanes m.) Brr. dunkel, Kopf heller; Hl. und Beine dicht braunschwarz gefleckt. 5—6 mm. An Baumstämmen.
  B. Die v. Sa. nicht deutlich grösser als die Ma. Die 1-Schn. mit nur 3 deutlichen Stachelpaaren.
    α. Die vier Ma. fast ein Quadrat bildend.
4. **Ph. fallax. Sund.** (Artanes f.) (= Ph. arenarius. Menge). Sandgrau, Hl. vorn mit dunklem Rückenstreif und hinten mit 2 Seitenstreifen. Brr. mit dunklen Seitenbinden, alle Zeichnungen weiss gefleckt. Beine dunkel geringelt. 4—6 mm. Unter Strandpflanzen und Steinen.
    β. Die v. Ma. weit näher als die h. Ma. (Fig. 16).
5. **Ph. aureolus. Cl.** Brr. braun, mit heller Mittelbinde; Hl. gelb, vorn mit dunkler Mittelbinde und mit 2 dunklen Seitenbinden. ♂ dunkler und mit Kupferschimmer. 5—6 mm. Auf Gesträuch.
6. **Ph. cespiticolis. Walck.** unterscheidet sich dadurch, dass beim ♂ das 4. Trgl. etwas länger als das 3. ist und von der Seite gesehen nicht am Ende erweitert, beim ♀ bestehen die Gth. aus einem kleinen, braunen, hinten von zwei Erhöhungen begrenzten Felde.

II. Der Hl. vorn in der Mitte tief ausgerandet.
7. **Ph. pallidus. Walck.** (Artanes p.) Oben graubraun, gelb gefleckt. 4—6 mm. An Baumstämmen.

Fam. **Thomisidae.** Sund. Krabbenspinnen.

4. Pistius. Sim.

P. truncatus. Pall. Gelbbraun, mit gelben Punkten; Hl., 1- und 2-Schl. und 1- und 2-Schn. am Ende dunkler braun. 1- und 2-Schn. mit gelbem Mittelring. 5—7 mm. Auf Gesträuch.

5. Diaea. Thor.

D. dorsata. Fabr. Gelbgrün, Hl. mit braunem, am Rande dunkleren Rückenfelde. Beim ♂ hinter den Sa. ein dunkler Bogen, und 1- und 2-Beine mit dunklen Endringen. 4—5 mm. Auf Tannen.

6. Misumena. Latr.

M. vatia. Cl. Auf weissen oder gelben Blumen, deren Farbe sie anzunehmen vermag. Beim ♂ die Seiten des Brr., die 1- und 2-Schl. und -Schn. mehr oder weniger schwarzbraun; ebenso meist 2 Streifen hinten auf dem Hl. ♂ 3 mm, ♀ 10 mm.

7. Synema. Sim.

S. globosa. F. Schwarzbraun, Hinterbeine z. Th. heller. Hl. oben weiss oder gelb mit schwarzem, tief gezackten Mittelfelde. ♂ 3 mm, ♀ 5 mm. Auf Blumen.

8. Xysticus. CK. (Fig. 15).

Die ♀ dieser Gattung lassen sich z. Th. nicht mit Sicherheit unterscheiden; denn einerseits variirt die Farbe ganz bedeutend und andererseits sind die Gth., die sonst ein gutes Artmerkmal zu geben pflegen, durchweg nach demselben Typus gebauet und die Abweichungen sind meist nur individuelle. Sie bestehen aus zwei grössern Gruben (oder Höckern), hinter denen sich, vor der Querspalte, zwei kleinere, näher zusammenliegende Grübchen befinden. Folgende Tabelle nach der Farbe passt nicht für **erwachsene** ♂.

1. Die Schl. wie der ganze Körper schwarzbraun. — X. fuscus (9)
   — —, namentlich die hintern, heller. 2.
2. Die helle Rückenbinde des Hl. bis über die Mitte hinaus ohne vorragende Zähne an den Seiten. (Fig. 15). 3.
   — — — — schon vor der Mitte mit einem spitzen Zahn an den Seiten. 4.
3. Die Rückenbinde des Hl. ganz einfach. — X. perogaster. (10).
   — — — — hinter der Mitte meist abgebrochen; dahinter 3 weisse Querstreifen. (Fig. 15). — X. ulmi (7) und X. erraticus. (6).
4. Die dunklen Seitenbinden des Brr. wenigstens von der Mitte an gespalten und hinten nicht ganz wieder vereinigt. 5.
   — — — — — höchstens mit kleinern und grössern hellen Flecken. 7.
5. Die Seitenbinden bis vorn hin getheilt. — X. bifasciatus. (1).
   — — nur hinten getheilt. 6.
6. Grösse über 6 mm. — X. lanio. (2).
   — unter 6 mm. — X. viaticus. (5).
7. Der dunkle Keilfleck vorn in der weissen Rückenbinde des Brr. lang und hinten spitz. 8.
   — — — — — — — — — kurz, stumpf. — X. pini. (3).
   — — — — — — — — — ganz fehlend. — X. sabulosus. (8).

8. Seiten des Rückenfeldes auf dem Hl. schwarz. — X. luctuosus. (11).
— — — — — — braun. — X. cristatus. (4).

I. Die 1-Schn. und Mts. unten mit 5—6 Stachelpaaren (das Endpaar mitgezählt).
  A. Die beiden Anhänge der Trk. sehr nahe zusammenliegend, fast wie einer erscheinend.
1. X. bifasciatus. CK. Hl. am Rande des Rückenfeldes mit schwarzen Punkten. 6—8 mm. Auf niedern Pflanzen, im Winter einzeln im Moos.
  B. Die beiden Anhänge der Trk. weit getrennt.
2. X. lanio. CK. 6—8 mm. Auf Gesträuch.

II. Die 1- Schn. und Mts. mit höchstens 4 Stachelpaaren.
  A. Trk. an den Gth. mit einem Anhang.
    α. Der eine Anhang der Trk. T förmig.
      a. Beide Arme des Anhanges in gleicher Höhe entspringend.
3. X. pini. Fabr. 4—5 mm. Auf Tannen.
      b. Der eine Arm des Anhanges vor dem andern entspringend.
4. X. cristatus. Cl. 4—5 mm. Auf Gesträuch und in Wegen.
    β. Beide Anhänge einfach, oft gebogen.
      a. Der eine Anhang stiefelförmig.
5. X. viaticus. CK. 4—5 mm. Auf Gesträuch und in Wegen.
      b. Der Anhang nur gekrümmt, bogenförmig.
        * Der Anhang des 4. Trgl. stark ausgeschnitten.
6. X. erraticus. Bl. 4—5 mm. Auf Bäumen.
        ** Der Anhang des 4. Trgl. nur ausgerandet.
7. X. ulmi. Hhn. 4—5 mm. Auf Pflanzen und unter Moos.
  B. Trk. an den Gth. ohne Anhang.
    α. Die Trkh. mit einem langen Anhang nach aussen.
8. X. sabulosus. Hhn. 4—5 mm. Auf niedern Pflanzen.
    β. Die Trkh. aussen nur mit einem Höcker.
      a. Das 4. Trgl. mit 2 spitzen und unten mit einem stumpfen, grossen Anhang.
9. X. fuscus. CK. 5—7 mm. Unter Steinen.
      b. Das 4. Trgl. mit einem spitzen und einem stumpfen Anhang.
        * Der Seitenfortsatz des 4. Trgl. kurz c-förmig.
10. X. perogaster. Thor. (= Spiracme striata. Menge). 5—6 mm. Auf niedern Pflanzen.
        ** Der Seitenfortsatz der 4. Trgl. fast bis zur Mitte der Trk. reichend.
11. X. luctuosus. Bl. 4—5 mm. Auf Gesträuch.

9. Oxyptila. Sim.

Für diese Gattung gilt das bei Xysticus Gesagte.
1. Brr. mit einer schmalen, dunklen Binde jederseits neben der hellen Mittelbinde. 2.
— von der hellen Mittelbinde bis zum Rande dunkel, aber oft mit hellen Flecken. 4.

2. Der Hl. nur mit einzelnen schwarzen Flecken. 3.
— — mit Flecken, die in unterbrochenen Querstreifen stehen. — O. trux. (5).
3. Ausser den schmalen Längsbinden des Brr. auch die Hinterwinkel schwarz. — O. horticola. (3).
Die hintern Aussenwinkel gelb. — O. atomaria. (4).
4. Brr. $1^{1}/_{4}$—$1^{1}/_{2}$ mm lang. 5.
— $1^{3}/_{4}$—2 mm lang. 7.
5. Der Hl. ziemlich gleichmässig gefleckt. 6.
— — hinten mit Querstreifen, die aus gereihten Flecken bestehen. — O. brevipes. (7).
6. Brr. in der Mitte mit rauhem Längsstreif. — O. scabricola. (1).
— gleichmässig fein gekörnt. — O. claveata. (2).
7. Die Br. dunkel mit hellen Flecken. — O. praticola. (9).
— — hell mit dunklen Flecken. — O. pusio (8) und O. Westringi. (6).

I. Der Hl. hinten am Rande mit langen, stark geknopften Borsten.
   A. Das 4. Trgl. des ♂ aussen mit ziemlich grossem, stumpfen Fortsatz; der Durchmesser der v. Sa. kleiner als ihr Abstand von den v. Ma.
1. B. scabricola. Westr. Körper dicht dunkel gefleckt, das ♂ fast schwarz. Unter Moos und Steinen. (= Cor. claveata Menge).
   B. 4. Trgl. des ♂ aussen mit kurzem Fortsatz, der einen spitzen Haken trägt; der Durchmesser der v. Sa. grösser als ihr Abstand. von den v. Ma.
2. O. claveata. Bl. (Ob = Cor. scabricola Menge?).
II. Der Hl. am Hinterrande mit kurzen, z. Th. abgestutzten, aber kaum verdickten Borsten.
   A. Die Schl. des ♂ mit sehr kurzen anliegenden, die des ♀ oben ohne Borsten.
3. O. horticola. CK. Beine wie bei der folgenden fast einfarbig (♀), d. i. höchstens dunkel punktirt. Unter Moos.
   B. Die Stacheln auf dem Schl. länger und abstehend.
      α. Die 2-Schl. oben mit nur einem Stachel in der Mitte. (♂).
         a. An der Aussenseite des 4. Trgl. des ♂ ein weit abstehender, etwas stumpfer Fortsatz.
4. O. atomaria. Panz. Tr. des ♂ ähnlich wie bei O. horticola, bei welcher aber an den Gth. sich ein spiraliger Dorn befindet. Unter Moos, auch im Winter.
         b. An der Aussenseite des 4. Trgl. ein dünner einwärts gebogener Fortsatz.
5. O. trux. Bl. Unter Laub und Moos, auch im Winter.
         c. An der Aussenseite des 4. Trgl. ein dünner, stark abwärts gebogener Fortsatz.
6. O. Westringi. Thor. Beine des ♀, wie der übrige Körper, dicht gefleckt, die des ♂ z. Th. schwarz. Unter Moos.
         d. An der Aussenseite des 4. Trgl. ein kurzer, dünner, stumpfer Fortsatz.

7. O. brevipes. Hhn. Unter Moos. (Menge's Cor. brevipes ist entweder O. Westringi oder O. pusio).
>β. Die 2-Schl. oben mit einem Stachel in der Mitte und einem zweiten näher dem Ende.
>>a. Die 1-Schl. des ♂ mit 2 Stacheln; der untere Fortsatz des 4. Trgl. am Ende gerade und nicht erweitert.

8. O. pusio. Thor. Unter Moos.
>>b. Die 1-Schl. des ♂ mit 3 Stacheln; der erwähnte Fortsatz am Ende erweitert und aufwärts gebogen.

9. O. praticola. CK. Unter Moos und Laub.

10. Coriarachne. Thor.

C. depressa. CK. Brr. 2—2,5 mm, nebst dem Hl. und 1- und 2-Schln. dunkelbraun; die übrigen Beinglieder heller. Hl. mit weisslichen Falten. 1-Schn. unten mit 4 Stachelpaaren. Das 4. Trgl. des ♂ mit 2 Fortsätzen; die Trk an den Gth. mit langem, spiraligen Dorn. Unter Fichtenrinde.

VII. Unterordn. Saltigradae. Thor.

1. Augenfeld fast länger als breit. — Salticus (1).
— viel breiter als lang. 2.
2. Die 1-Mts. ohne Stachel. — Epiblemum. (8).
— — unten mit Stacheln. 3.
3. Die hintersten A. nicht oder kaum weiter vom untern Seitenrande des Brr. als von den v. Sa. entfernt. 4.
— — — viel weiter vom Seitenrande als von den v. Sa. enfernt. 7.
4. Der Brr. von den h. Sa. nach vorn stark verschmälert. — Ballus. (10).
— — — — — — — fast gleich breit. 5.
5. Hl. lang und plattgedrückt, Brr. sehr flach. — Marpessa. (9).
— oben stark gewölbt, fast stielrund. 6.
6. Brr. doppelt so lang als breit, 2 mm lang (Körper schwarz mit heller Behaarung). — Heliophanus. (7).
— nicht doppelt so lang als breit. 1—1½ mm lang. — Euophrys. (6).
7. Die 4-Mts. nur mit Stacheln an der Spitze. — Dendryphantes. (5).
— — auch in der Mitte mit Stacheln. 8.
8. Die Mand. doppelt so lang als die Höhe der Vorderseite des Kopfes. — Philaeus. (2).
— — gleich der Höhe der Stirn. 9.
9. Oberer Theil des Kopfes, von der Seite gesehen, über die Ma. vorragend. — Yllenus. (4).
— — — — nicht vorragend. — Attus. (3).

Fam. **Attidae.** Sund. Springspinnen

1. Salticus. Latr.

Körper ameisenformig. Beide Arten sehr selten, im Grase.

A. Kopftheil des Brr. viel höher als der dahinter liegende Theil.

S. formicarius. DG. Brr. 2 mm, roth, Kopftheil schwarz, beim ♀ mit 2. weissen Flecken in der Mitte.

B. Kopftheil mit dem übrigen Theil des Brr. gleichlaufend.

S. hilarulus. CK. Brr. 1,5 mm. Farbe variirend. Brr. und Hl. mit weisser Querbinde.

2. Philaeus. Thor.

Ph. chrysops. Poda. Brr. 4—5 mm, nebst den Füssen schwarz, Hl. schön roth mit schwarzer Längsbinde (♂) oder ganz hellbraun mit dunkler Mitte des Rückens ♀. Sehr selten, im Grase.

3. Attus. Walck. (Fig. 5).

1. Ganze Spinne sehr dicht weissgrau behaart. — A. cinereus. (5).
   Körper verschieden behaart. 2.
2. Kopf und Brr. mit einem, aus hellen Haaren bestehenden Mittelstreif. 3.
   Höchstens mit einem Punkt auf dem Brr. oder Kopfe. 5.
3. Hl. ebenfalls mit schmalem, weissen Mittelstreif. — A. terebratus. (2).
   — ohne hellen Mittelstreif. 4.
4. Hl. hinten jederseits mit einem grossen, weissen Fleck. — A. floricola. (7).
   — mit 3 Paaren heller Fleckchen. — A. pubescens. (1).
5. Eine helle Mittellinie des Hl. hinten mit senkrechtem Querstreifen. — A. crucigerus. (6).
   Hl. ohne rechtwinkliches Kreuz. 6.
6. Brr. mit schmaler, weisser Linie am untern Seitenrande. 7.
   — ohne weisse Linie unten am Seitenrande. (Fig. 5). 8.
7. Das 2. und 3. Trgl. in beiden Geschlechtern weisslichgelb, mit weisser Behaarung. — A. erraticus. (3).
   Die Tr. viel dunkler, ohne weisse Behaarung. — A. caricis. (4).
8. Vorderseite des Kopfes mit zwei Reihen rein weisser Haare unter den Augen — A. arcuatus. (9).
   — — — ohne reinweisse Haare. — A. falcatus. (8).

A. Die v. Sa. (wenn man den Kopf genau von vorn sieht,) mit ihrem Oberrand viel höher als die v. Ma.

1. Das 4. Trgl. des ♂ mit einem löffelförmigen, abstehenden Anhange; Gth. des ♀ hinten ausgerandet.

1. **A. pubescens. Fabr.** Brr. 2½ mm, schwarz, wie der Hl., durch Behaarung gefärbt, Augen mit weissen Haarringen. Tr. und Beine braun, mit schwarzen Ringen, beim ♂ dunkler und die Tr. schwarz. Lebt an Mauern und Häusern. (= A. floricola. Menge).
   II. Das 4. Trgl. des ♂ nur mit anliegendem, spitzen Zahn; Gth. des ♀ hinten gerundet.
2. **A. terebratus. Cl.** Der A. pubescens ähnlich, nur der Mittelstreif des Brr. reiner weiss und nicht, wie bei jener, unterbrochen. An Häusern etc.

B. Die v. Sa. nicht oder kaum mit ihrem Oberrande höher als die v. Ma.
  I. Brr. 2 mm oder kleiner.
    α. Das 4. Tstrgl. des ♂ aussen mit einem spitzen Fortsatze, der ebenso lang ist wie das Glied selbst.
      a. Brr. 1½—1¾ mm lang.

3. **A. erraticus. Walck.** Brr. und Hl. schwarzbraun mit heller Behaarung. Augen mit braungelben Haarungen. Beine und Tr. des ♀ hellgelb, mit dunklen Ringen; beim ♂ die Schl. schwarz, die folgenden Glieder dunkel, nur die Tr. hellgelb, mit schwarzer Kolbe. Unter Baumrinde und Steinen.
      b. Brr. 2 mm lang.
4. **A. caricis. Westr.** Brr. und Hl. schwarz, mit brauner Behaarung. Hl. in der Mitte mit einer Reihe von Winkelflecken. Beine und Tr. braun, schwarz geringelt. An sumpfigen Teichufern.
    β. Das 4. Trgl. des ♂ aussen fast ohne Zahn. Körper ganz weissgrau behaart.
5. **A. cinereus. Westr.** Alle Theile gleichmässig mit Haarschuppen bedeckt. Beine hellbraun, dunkel geringelt. Unter Strandpflanzen. (= A. solaris Menge?)

  II. Brr. 2½—3 mm lang.
    α. Das 4. Trgl. des ♂ mit löffelförmigem, abstehenden Anhange; die Gth des ♀ ankerförmig, mitten weit nach vorn vorragend.

6. **A. crucigerus. Walck.** Beine und Tr. braun, schwarz geringelt, beim ♂ grösstentheils schwarz. Brr. und Hl. dunkel behaart, nur am Rande heller. Mundrand mit weissen Haaren. Unter Steinen und Rinde.
    β. Das 4. Trgl. des ♂ mit schmalem, anliegenden Fortsatz; Gth. des ♀ breiter als lang.
      a. Das 4. Trgl. des ♂ aussen nur mit kurzem Zahn; Gth. des ♀ eine Grube, die hinten und an den Seiten meist von einer Erhöhung eingefasst ist.
7. **A. floricola. C K.** Schwarz, mit vorherrschend röthlicher Behaarung. Beine und Tr. braun, schwarz geringelt, beim ♂ viel dunkler. An Teichufern. (= A. pubescens Menge?)
      b. Das 4. Trgl. des ♂ mit langem Anhange. Gth. des ♀ hinten mit scharf begrenzter ⌒-förmiger Erhöhung, die nicht an den Seiten fortläuft.
        1. Trk. des ♂ an den Gth. unten mit zwei spitzen Zähnen.
8. **A. falcatus Cl.** (Fig. 5). Brr. hinten an den Seiten roth mit weisser Behaarung; ebenso der Seitenrand, oft auch der Vorderrand

des Hl. und bisweilen auch noch dreieckige Flecke auf dem Hl. Beine schwarz geringelt aber auch beim ♂ die Schl. am Grunde stets noch roth. Vorderkopf gelblich behaart. Auf Pflanzen nicht selten.

    2. Gth. des ♂ einfach spitzlich vorragend.

9. A. arcuatus. Cl. Schwarz, ebenso die Beine, mit Ausnahme der Ts.-Glieder. Behaarung schwach. Auf Pflanzen.

4. Yllenus. Sim.

Y. v-insignitus. Cl. Körper schwarz, Brr. 3 mm, vorn mit doppeltem, ∧-förmigen, weissen Fleck. Hl. an den Seiten weisslich behaart, ebenso eine schmale Mittelbinde. Beine braun, dunkel geringelt, beim ♂ dunkler. Auf der Erde.

Y. (Aelurops) fasciatus. Hhn. Körper schwarz; Brr. 3 mm lang, mit 2 oder 3 weisslichen Längsstreifen. Hl. ebenfalls, wenigstens hinten, mit einem Mittelstreif. Beine wie bei Y. v-insignitus. Auf der Erde und unter Moos.

5. Dendryphantes. CK.

A. Der Fortsatz an der Aussenseite des 4. Trgl. beim ♂ etwas stumpf; Gth. des ♀ hinten abgestutzt.

D. rudis. Sund. Brr. 2—2¹/₄ mm, wie der Hl. schwärzlich, mit heller Behaarung. Hl. mit 2 Reihen von 3—4 weissen Flecken und beim ♀ mit unregelmässigen Flecken an den Seiten. Beine braun, dunkel geringelt. Auf Nadelholz.

B. Der Fortsatz des 4. Trgl. des ♂ spitz; Gth. des ♀ hinten tief ausgeschnitten.

D. hastatus. Cl. Ebenso, aber der Brr. 2³/₄—3 mm lang und der Hl. wenigstens hinten mit zwei langen, gebogenen Längsflecken. Auf Nadelholz.

6. Euophrys. CK.

1. Haut des Hl. schwarz. — E. petrensis. (1).
— — — grösstentheils gelb. 2.
2. Hl. mit hellen Winkelflecken quer über die Oberseite. — E. reticulata. (3).
— — kleinen schwarzen Winkelflecken in der Mitte und Flecken daneben. — E. frontalis. (2).

A. Die 4-Mts. oder 4-Schn. mit wenigstens einem Stachel in der Mitte.
    α. Brr. kaum über 1 mm lang.

1. E. petrensis. CK. Körper schwarz, auf dem Hl. mit schwachen hellen Haarflecken. Schl. schwarz, die übrigen Glieder und die Tr. z. Th. braun. Unter Steinen.

    β. Brr. 1¹/₂ mm lang.

2. E. frontalis. Walck. Brr., namentlich am Rande, dunkel. Beine gelb, beim ♂ z. Th. verdunkelt. Unter Moos.

B. Die 4-Mts. und 4-Schn. in der Mitte ohne Stachel.

3. E. reticulatus. Blackw. Kleiner wie die vorige. Brr. nur um den Vorderrand schwarz. Unter Moos, das ganze Jahr hindurch.

7. Heliophanus. CK.

A. Der gebogene Anhang unten am 2. Trgl. des ♂ einfach, der Brr. des ♀ hinter den h. Sa. tief quereingedrückt.

α. Trk. des ♂ mit am Grunde sehr stark vorragendem Gth.; Gth. des ♀ zwei einfache Gruben. (Die Gruben sind meist von einer braunen Masse ausgefüllt, welche oft noch einen Anhang bildet).

H. cupreus. Walck. Brr. und Hl. schwarz meist mit weissen Haarstreifen am Rande, und der Hl. oft noch mit weissen Querfleckpaaren. Beine gelb, mehr oder weniger mit dunkeln Längsstreifen, oft fast ganz dunkel. Auf Pflanzen.

β. Gth. des ♂ kaum vorragend; die flachen Gruben der Gth. des ♀ in der Mitte mit vorragendem Höcker.

H. muscorum. Walck. Ebenso, aber etwas grösser und der Hl. ziemlich regelmässig mit weissem Vorderrande und einem Fleckenpaare hinten. An sonnigen Stellen, auf Steinen etc.

B. Anhang am 2. Trgl. des ♂ gespalten; Brr. des ♀ mit schwachem Quereindruck.

H. flavipes. CK. Zeigt fast dieselben Farbenvarietäten wie H. cupreus. Tr. des ♀ hellgelb.

8. Epiblemum. Hentz.

Mand. des ♂ stark vorragend.

A. Brr. 2 mm und darüber lang. Der Fortsatz des 4. Trgl. des ♂ spitz.

α. 3. Trgl. des ♂ von oben gesehen doppelt so lang als dick, 4. Glied mit einem stark gebogenen Anhange. Gth. des ♀ hinten in zwei vorragende Spitzen ausgezogen.

E. scenicum. Cl. Brr. $2^1/_2$ mm lang, wie der Hl. schwarz, letzterer mit weissen Querstreifen jederseits. An Mauern und Häusern.

β. 3. Trgl. des ♂ kaum doppelt so lang als dick. Fortsatz des 4. Gl. fast gerade. Gth. des ♀ viel kleiner, mit zwei kurzen Zähnen.

E. cingulatum. Panz. Brr. $2-2^1/_4$ mm. Färbung wie vorher, aber die weisse Behaarung den grössten Theil von Brr. und Hl. einnehmend. Unter Baumrinde.

B. Brr. kleiner als 2 mm. Fortsatz des 4. Trgl. des ♂ stumpf, fast gerade, an der Unterseite mit sehr breitem Zahn.

E. tenerum. C.K. In Färbung mit der vorigen übereinstimmend. Unter Baumrinde.

9. Marpessa. CK.

A. Die hintern Stacheln des 1-Mts. ragen mit ihren Spitzen über die Basis des Endpaares hinaus.

M. muscosa. Cl. Brr. schwarz, 3—4 mm lang. Hl. namentlich mit gelbem Längsbande, auch in der Hautfarbe. Beine gelb, dunkel geringelt, die vordersten ganz dunkel; beim ♂ alle dunkel. Trk. des ♂ mit weit vorragenden und dem 4. Tstrgl. zugeneigten Gth; Gth. des ♀ aus zwei Gruben bestehend, welche aber meistens mit einer dunkeln Masse ausgefüllt sind, so dass eine mittlere Oeffnung bleibt. Unter loser Rinde.

B. Die hintern Stacheln erreichen nicht die Basis der andern.

α. Länge des Brr. 3 (♂)—4 (♀) mm.

M. radiata. Grube. Ebenso wie vorher aber die Behaarung des Hl. mit 3 orangerothen Streifen. Beine gelb, mit schwarzen Längsstrichen. Auf Wasserpflanzen.

β. Länge des Brr. 2 (♂)—3 (♀) mm.

M. pulchella. Hhn. Brr. schwarz, Seitenkanten und Mittelstreif weiss behaart. Hl. mit hellem Rande und paarweissen Querflecken, auch in der Hautfarbe. Beine gelb, dunkel geringelt. Unter Rinde.

10. Ballus. C K.

A. Die 1-Schn. in der Mitte eiförmig verdickt.

B. depressus. Walck. Brr. etwa 1½ mm, schwarz; Hl. braun, mit dunkeln und hellen Zeichnungen. Alles mit grauer Behaarung bedeckt. Beine gelb; Glieder mit schwarzen Längsstreifen 1-Beine fast ganz dunkel, ebenso die Tr. des ♂. Auf Pflanzen.

B. Die 1-Schn. nicht verdickt.

B. aenescens. Sim. Brr. 2 mm, braun, mit schwarzer Kopfplatte. Hl. schwarzbraun; goldgelbe Haarschuppen bilden namentlich eine Querbinde in der Mitte. Beine gelbbraun. 1-Beine dunkel. Unter Moos.

Register.

Wo auf einen andern Namen verwiesen ist, sind es entweder Synonyma oder beide Gattungen sind in eine einzige vereinigt.

Aelurops — 66.
Agalena — 50.
Agalenidae — 49.
Agroeca — 49
Amaurobiidae — 41.
Amaurobius — 42.
Anyphaena — 43.
Anyphaenidae — 43.
Apostenus — 49.
Arctosa s. Trochosa
Argyroneta — 43.
Argyronetidae — 43.
Artamus s. Philodromus.
Artanes s. Philodromus.
Asagena — 38.
Atea s. Epeira u. Dipoena.
Attidae — 64.
Attus — 64
Aulonia — 56.

Ballus — 68.
Bathyphantes s. Linyphia.
Bolyphantes — 38.

Caelotes s. Coelotes.
Calliethera s. Epiblemum.
Ceratina s. Erigone.
Cerceis ⎱
Cercidia ⎰ — 20.
Cheiracanthium ⎱
Chiracanthium ⎰ — 43.
Cicurina s. Tegenaria.

Ciniflo s. Amaurobis u. Dictyna.
Citigradae — 50.
Clubiona — 47.
Coelotes — 49.
Coriarachne — 63.
Cornicularia s. Erigone.
Crustulina — 31.
Cryphoeca — 49.
Ctenium s. Erigone.
Cyclosa s. Cyrtophora.
Cyrtophora — 19.

Dendryphantes — 66.
Diaea — 59.
Dictyna — 41.
Dicymbium ⎱
Dicyphus ⎰ s. Erigone.
Dipoena — 31.
Dolomedes — 51.
Drapetisca — 29.
Drassidae — 43.
Drassodes s. Drassus.
Drassus — 43.
Dysdera — 41.
Dysderidae — 41.

Epeira — 15.
Epeiridae — 15.
Epiblemum — 67.
Episinus — 29.
Eresus — 13.
Ergatis s. Dictyna.

Erigone — 32.
Ero — 23.
Eucharia s. Steatoda.
Euophrys — 66.
Euryopis — 39.

Glückspinne — 32.
Gnaphosa — 45.
Gonatium s. Erigone.
Gongylidium s. Erigione.

Hahnia — 49.
Harpactes — 41.
Hecaërge s. Zora.
Heliophanus — 67.
Helophora s. Linyphia.
Hyptiotes — 22.

Krabbenspinnen — 59.
Kreuzspinne — 17.

Laterigradae — 57.
Leimonia s. Lycosidae.
Leptothrix s. Erigone.
Leptyphantes s. Linyphia.
Lethia — 42.
Linyphia — 24.
Lithyphantes — 31.
Lophocarenum s. Erigone.
Lophomma s. Erigone.
Lycaena } s. Zora.
Lycodia }
Lycosa — 54.
Lycosidae — 51.

Macaria s. Micaria.
Marpessa — 67.
Marpissus s Marpessa.
Melanophora s. Prosthesima.
Meta 21.
Micaria — 46.
Micrommata — 57.
Microneta s. Erigoe.
Micryphantes s. Erigone.

Miranda s. Epeira.
Misumena — 60.
Mithras s. Hyptiotes.

Neottiura s. Theridium.
Nerione s. Erigone.
Nesticus — 29.
Netzspinnen — 23.

Ocyale — 51.
Orbitelariae — 14.
Oxyopes — 56.
Oxyopidae — 56.
Oxyptila — 61.

Pachygnatha — 31.
Pardosa s. Lycosidae.
Pedina s. Linyphia.
Phalops s. Erigone.
Philaeus — 64.
Philodromidae — 57.
Philodromus — 58.
Philoeca s. Tegenaria.
Pholcomma — 38.
Pholcidae — 39.
Pholcus — 39.
Phrurolithus — 46.
Phylloeca — 49.
Phyllonethis s. Theridium.
Pirata — 52.
Pistius — 59.
Plagitelariae — 39.
Platyopis s. Erigone.
Potamia s. Pirata.
Prosthesima — 44.
Pythonissa s. Gnaphosa.

Radspinnen — 15.
Retitelariae — 22.
Röhrenspinnen — 43.

Salticus — 64.
Saltigradae — 63.
Segestria — 41.

Singa 19.
Sparassus s. Micrommata.
Sphasus s. Oxyopes.
Spiracme s. Xysticus.
Springspinnen — 64.
Steatoda — 31.
Stemonyphantes s. Linyphia.
Stylophora s. Linyphia.
Synema — 60.

Tapinopa — 24.
Tarantula — 53.
Tegenaria — 50.
Territelariae — 12.
Tetragnatha — 20.
Textrix — 50
Thanatus — 58.
Theridiidae — 23

Theridium — 29.
Thomisidae — 55.
Tmeticus s. Erigone.
Trichterspinnen — 49.
Trochosa — 51.
Tubitelariae — 39.

Uloboridae — 22.

Walckenaëra s. Erigone.
Wolfspinnen — 51.

Xysticus — 60.

Yllenus — 66.

Zilla — 21.
Zora — 49.
Zygia s. Zilla.

Nachtrag zur Einleitung.

Aufbewahren muss man die Spinnen in Spiritus, da beim Trocknen der Hinterleib stark einschrumpft und dadurch das Thier ganz unkenntlich wird. Ich benutze dazu 80 mm lange Glasröhren, die am einen Ende rund zugeschmolzen sind, für grosse Arten 15 mm weit, für kleinere 12 und 9 mm. Bei Schlag & Berend in Berlin (C, Alexanderplatz) bekam ich davon, je nach der Grösse, 100 Stück für 3,50 ℳ, 3,00 ℳ und 2,25 ℳ. Bei Bestellungen möge man indessen den Preis beifügen, da die Glasdicke den Preis ändert. Passende Korke bezieht man am billigsten aus einer Korkhandlung. Etiquetten mit Klebestoff (ich benutze 30 mm lange und 15 mm breite) bekommt man in jeder Papierhandlung.*) Die Aufbewahrung der Gläschen geschieht am bequemsten in einem Kasten mit schräg befestigten Querbrettchen, die so weit von einander entfernt sind, dass man leicht das weiteste Glas dazwischen schieben kann. Legt man die Gläser so, dass die Etiquette sich oben befindet, so ist die Sammlung sehr übersichtlich.

---

*) Hier in Kiel kann man Alles **am** billigsten durch den Diener am Zool. Institut, Schultz beziehen.

Erklärung der Tafeln.

Bezeichnungen, die für alle Figuren gelten und z. Th. zugleich Abkürzungen im Text sind:

Ar., Augenreihe	Schl., Schenkel
Br., Brust	1-Schl., Schenkel der Vorderbeine
Brr., Brustrücken	Schn., Schiene
Gth , Geschlechtstheile	Tch., Trachee
H., Hüfte	Tr., Taster
1-H., Hüfte der Vorderbeine	Trk., Tasterkolbe
Hl., Hinterleib	Trkh., Tasterkolbenhülle
h. Ma., hintere Mittelaugen	Trgl., Tasterglied
h. Sa., hintere Seitenaugen	Ts., Tarsus
Kn., Knie	Uk., Unterkiefer
Ma., Mittelaugen	Ul, Unterlippe
Mand., Mandibeln	v. Ma., Vorderes Mittelauge
Mts., Metatarsus	♂, Männchen
Sa., Seitenauge	♀, Weibchen

Tafel I.

Fig. 1. Epeira cornuta ♂, von der Rückenseite. Beine bis auf ein Hinterbein entfernt. α, gespaltener Anhang der Gth.; β, Anhang der Trkh.
Fig. 2. Anyphaena accentuata ♀, von der Bauchseite. Die Beine bis auf die Hüften entfernt. Sp., Spinnwarzen.
Fig. 3. a, Kopf einer Lycosa von der Vorderseite. b, Kopf einer Tarantula ebenso.
Fig. 4. Ende des Hl. eines Amaurobius von der Unterseite. O. Sp., obere Spinnwarzen; U. Sp. untere Spinnwarzen; Cr., Platte unter den Spinnwarzen. (Cribellum).
Fig. 5. Vorderkörper von Attus falcatus. Beine entfernt.
Fig. 6. Vorderkörper von Trochosa terricola.
Fig. 7. Vorderseite des Kopfes einer Pachygnatha ♂.
Fig. 8. Vorderseite des Kopfes einer Erigone.
Fig. 9. Vorderseite des Kopfes einer Steatoda.
Fig. 10. Unterseite des Vorderkörpers eines Drassus.
Fig. 11. Taster von Phylloeca marginata ♀. $\frac{8}{1}$. a, Hörhaar.
Fig. 12. Unterseite des Vorderkörpers von Phylloeca marginata. ♀. $\frac{5}{1}$.
Fig. 13. Augenstellung von Segestria. ⎫
Fig. 14. Augenstellung von Dysdera. ⎬ v, vorn.
Fig. 15. Vorder- und Hinterleib von Xysticus ulmi ♀.
Fig. 16. Vorder- und Hinterleib von Philodromus aureolus. ♀.
Fig. 17. Hörhaar von Padygnatha Clercki. Sund. $\frac{3}{1}$♀. c, Chitinhülle; m, Matrix derselben; e, Nerv; b, becherförmige Vertiefung, in welcher das Haar (h) steht.
Fig. 18. Vorder- und Hinterleib von Thanatus arenarius ♀.
Fig. 19. Augenstellung von Pholcus. ⎫
Fig. 20. Augenstellung von Ocyale. ⎬ v, vorn.
Fig. 21. Augenstellung von Drassus. ⎪
Fig. 22. Augenstellung von Linyphia. ⎭

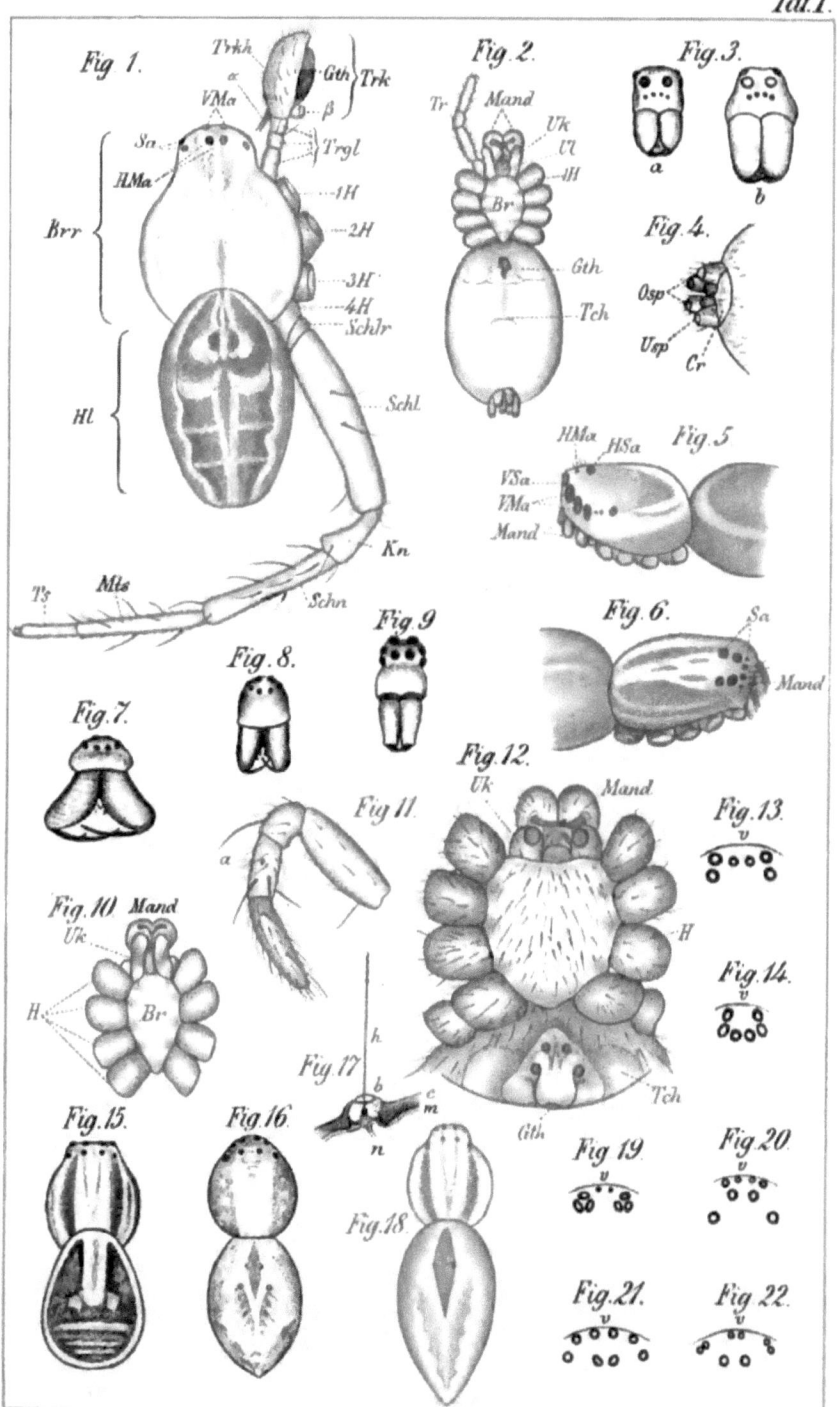

Taf. I.

Tafel II.

Fig 23. Hauptlängsschnitt durch den Thorax von Epeira cornuta. $\frac{5}{1}$. Sg, oberes Schlundganglion; Bm, Bauchmark; Ol, Oberlippe; Sl, Schlund; Sp, Speiseröhre; Sm, Saugmagen; M, ein Blindsack des Magens; Bl, Blutgefäss; Sk, inneres Skelet; m' und m" Schliessmuskeln der Speiseröhre.

Fig. 24. Querschnitt durch den Thorax von Epeira cornuta. $\frac{5}{1}$. Bezeichnungen wie bei voriger Fig. M' und M" Blindsäcke des Magens; m, Muskeln, die das innere Skelet heben.

Fig. 25. Schnitt durch den Unterkiefer von Epeira cornuta ♂. $\frac{25}{1}$. kn, knorpelartige Masse; dr, Maxillardrüse mit Schläuchen.

Fig. 26. Querschnitt durch den Hl. von Epeira cornuta ♀ (im vordern Drittel). $\frac{5}{1}$. Hz, Herz; D, Darm; Ei, Eierstock; Spn, durchschnittene Spinndrüsen; m, Längsmuskeln; r s., receptacula seminis (durchschnitten).

Fig. 27. Eine Spinnwarze von Drassus 4-punctatus. $\frac{40}{1}$. Sd. zwei grosse und sd kleine Spinnröhren.

Fig. 28. Die beiden letzten Fussglieder von Clubiona pallidula. $\frac{40}{1}$. a, Hörhaare; b, Tastborsten; k, Krallen; h, Hafthaare; sk, Skopula; St, Stachel.

Fig. 29. Taster von Erigone Henkingi ♂. $\frac{120}{1}$. A, Anhang der Trkh; B, Samenbehälter; G, Ausführungsgang.

Fig. 30. Das 4. Trgl. derselben Spinne von innen.

Fig. 31. Taster von Dictyna crassipalpis ♂. $\frac{100}{1}$.

Fig. 32. Taster von Erigone commutabilis ♂. $\frac{80}{1}$. a, Fortsatz des 4. Trgl. A und B wie in Fig. 29.

Fig. 33. Taster von Erigone Moebi ♂. $\frac{100}{1}$. Kr. haarförmiger Anhang der Gth. A und B wie in Fig. 29.

Fig. 34. Vorderbeine von Phylloeca marginata ♀. $\frac{40}{1}$. Bezeichnungen wie in Fig. 28.

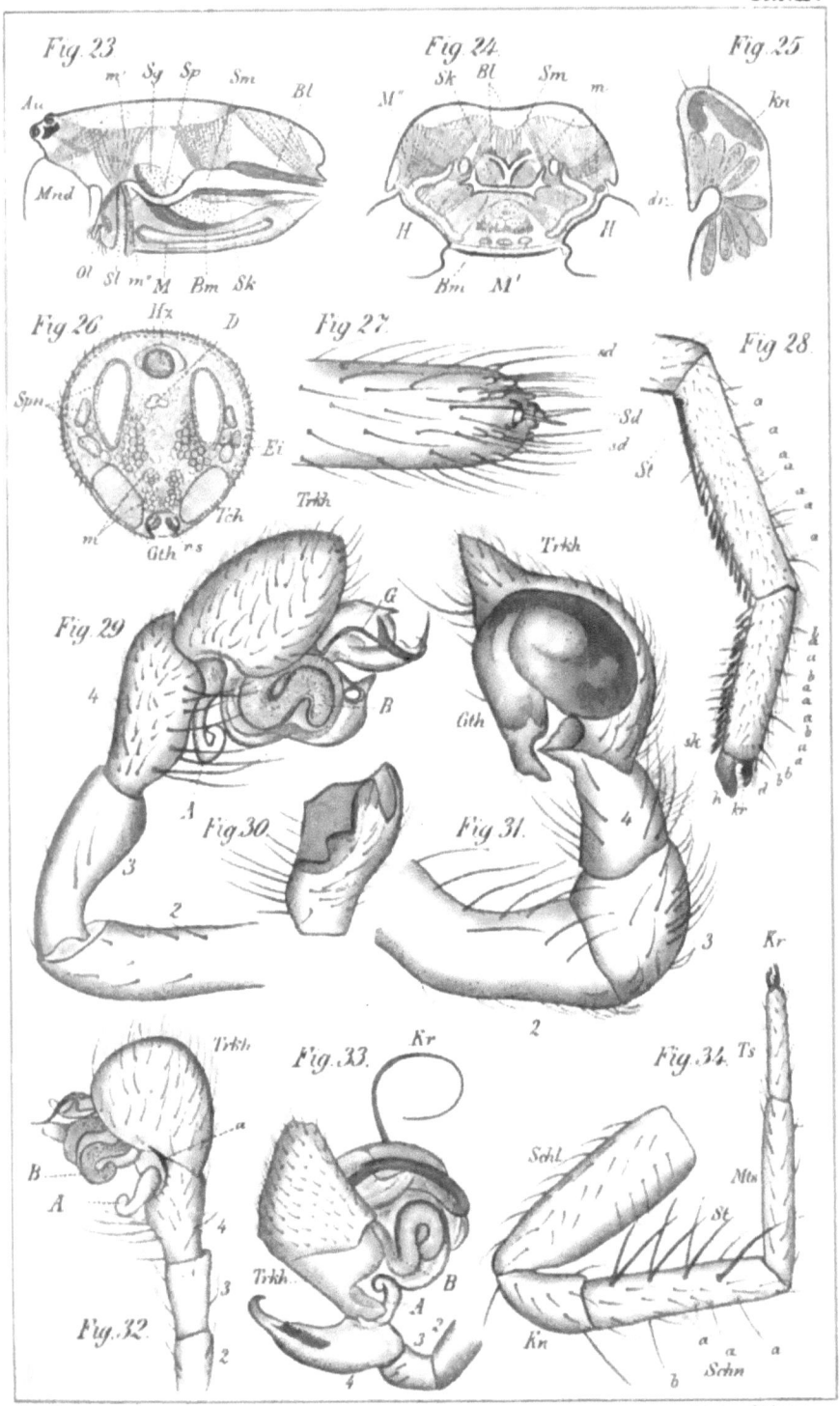

Anleitung zum Sammeln der Spinnen und Myriapoden.

1. Zu sammelnde Thiere.

Vor Allem ist es wichtig, ausser den gewöhnlichen Spinnen auch die sogenannten Weberknechte, die langbeinigen Opilioniden, zu sammeln, welche in den Alpen bis zur äussersten Grenze des organischen Lebens hinaufgehen. Ebenso wichtig ist gerade für die Schweiz das Sammeln der kleinen After-Scorpione, der sogenannten Scheerenspinnen, Chernetiden. Tausendfüsse, Myriapoden sind neben Spinnen leicht zu sammeln, da sie sich zum Theil in ähnlichen Lebensverhältnissen befinden: unter Steinen, Rinde, Moos, Pflanzenmoder und kann man Iulusarten auch durch Klopfen von Sträuchern und Bäumen bekommen. Auch die Milben, besonders der alpinen Region, sind höchst wichtig zu sammeln.

2. Beste Zeit des Sammelns.

Die für das Sammeln günstige Zeit dauert den grössten Theil des Iahres. Bereits Ende Februar findet man in der Sonne die ersten sich aus ihrem Winterversteck herauswagenden Spinnen, und trifft man unter Steinen und lockerer Rinde viele Wintergespinnste mit den Spinnen im Innern, sowie auch frei sich bewegende. Im ersten Frühjahr ist auch bereits die Ausbeute unter abgefallenen Blättern, unter Moos und an schönen Tagen durch Klopfen der Sträucher, besonders Nadelhölzer, in den ausgebreiteten Schirm ergiebig.

Ende März und im Laufe des April findet man theils reife überwinterte Thiere, hauptsächlich Weibchen, theils Thiere beider Geschlechter nicht ausgewachsen, welche erst im Mai und Iuni zu vollkommener Reife gelangen. Viele entwickeln sich auch später.

Wichtig sind stets ausgewachsene Männchen, deren vorher glatte Tasterkolben nun rauh, uneben, mit mannigfachen kleinen Fortsätzen und Zacken versehen, sich zeigen. Bei nur einiger Uebung und Aufmercksamkeit erkennt man die Reife der Tasterkolben auch in kleinen Arten.

Kann man nun auch den ganzen Frühling, Sommer und Herbst in der Ebene und in den Vorbergen mit Erfolg suchen, da viele Arten erst spät reifen und spät sich in grösserer Zahl finden, so beginnt oberhalb 500—1000 Meter das Suchen doch erst im Mai und ist im Iuni und Iuli am ergiebigsten, aber noch sehr gut auch im August und September. Mit geringer progressiver Verspätung zeigt sich die Ergiebigkeit in der an Spinnen und Myriapoden reichen Schweizer oberen Waldregion bis 2000—2200 Meter und darüber. Das obere Kleinholz ist oft noch ziemlich reich.

Am meisten bleibt für die Schweizer Arachnidenfauna noch in der eigentlichen alpinen Zone zu thun übrig, in der ich bisher relativ zu spät, von Mitte August an gesammelt habe. Für 2000 bis 2500 Meter ist bereits die 2. Hälfte des Iuni und besonders der Iuli sehr günstig. Ueber 2500 Meter bis an den Fuss und auf den Rand des Firns und der Gletscher sind Iuli und erste Hälfte des August am geeignetsten, aber noch der Spätsommer bietet bei sorgsamem Suchen unter Steinen, an Felsen, auf Alpenpflanzen, im Moos, im Humusmoder noch gute Ausbeute; die jetzt weniger zahlreichen vagirenden Spinnen lassen sich leichter erhaschen, als in ihrer ersten Reifezeit und Kräftigkeit.

In der ganzen Waldregion, auf den Wiesen von der oberen Holzgrenze bis in die Ebene ist der Spätsommer und der Herbst noch sehr günstig für jede Art des Suchens und Fangens. Der Oktober ist für Suchen der die Winterzellen oder sonstige Winterquartiere aufsuchenden Spinnen überaus günstig. Oktober (2. Hälfte), November und erste Hälfte des Dezembers sind noch für Suchen im Moos, unter Steinen sehr geeignet. Für die im Moos sich bergenden Thieren, habe ich es in Schlesien wie in der französischen Schweiz sehr geeignet gefunden, grössere Säcke an verschiedenen Lokalitäten mit Moos füllen zu lassen oder selbst zu füllen, an einem kühlen nicht dem Rauch ausgesetzten Orte zu bewahren und mit Musse im Zimmer durch Sieben nach der bald zu beschreibenden Methode zu durchsuchen. Das reiche Thierleben im Moos ist im Spätherbst überraschend und von dem belehrendsten Interesse. Leicht und lohnend wird es sein, sich vor dem ersten bedeutenden Schneefall aus der höheren Waldregion für die Untersuchung im Arbeitszimmer Moossäcke füllen und bringen zu lassen.

3. Art des Sammelns.

In erster Linie ist die grösste Aufmerksamkeit auf alle Thiere zu verwenden, welche man ohne sonstige Mittel auf der Erde herumlaufen, auf Sträuchern, Gräsern, Blumen, an Mauern, Zäunen, Felsen etc. sitzen sieht. Wo ein Gespinnst ist, findet sich die Spinne entweder in demselben oder in seiner Nähe, in ein Blatt eingerollt, in einem Trichtergespinnst, unter Blättern, sonst verborgen etc. Die Art des Fangens mit rascher Handbewegung und Fangen in die geschlossene Hand, Auffangen der Spinne in ein darunter gehaltenes Glas, wann sie die Gewohnheit hat, sich der Verfolgung durch rasches Herablassen an einem Faden zu entziehen, lehrt die Uebung für die einzelnen Arten. Langsames und sorgfältiges Suchen ist an Mauern, Felsen, Baumstämmen um so empfehlenswerther, als so manche Spinnen gerne eine ihrer Farbe ganz ähnliche Unterlage suchen und sich so dem Gesehenwerden von ihren Feinden, sowie dem von ihrer gewöhnlichen Beute leicht entziehen.

Von den verschiedenen Fangmethoden durch künstliche Mittel ist das Schirmklopfen die ergiebigste. Ieder grössere Regenschirm kann hiezu dienen, sowie jeder beliebige, selbst im Moment des Gebrauches abgeschnittene Stock hinreicht, um die Spinnen eines Pflanzenbusches, eines Strauches, eines Bäumchens, eines Baumastes in den ausgespannten Schirm durch Klopfen fallen zu lassen. Mit einiger Uebung kann man das Klopfen auch auf einzelne Pflanzengruppen und auf ganz niedriges Gebüsch anwenden. Soweit Buschwerk reicht, ist es auch in der Alpenregion nützlich.

Das Käschern ist ebenfalls sehr nützlich, für zartere Vegetabilien, Gräser ist das Streifen an dieselben mit einem einfachen Schmetterlingsnetz ausreichend, für stärkere Vegetabilien ist der Käferkäscher vorzuziehen. Will man nur einen gebrauchen, so ist das Schmetterlingsnetz vorzuziehen. Als Stock kann man den zum Klopfen bestimmten auch zum Aufstecken des Netzes bestimmen.

Das Sieben ist für das Spinnensuchen ebenso unentbehrlich, wie das Klopfen. Ein grossmaschiges Drahtnetz, welches den Grund eines leinenen Sackes mit weiter Oeffnung bildet und um das ein zweiter Sack nach unten angebunden und wieder abgebunden werden kann, reicht hin. Der Siebapparat mit doppeltem Netz, wie man ihn für Coleopteren gebraucht, ist nicht nöthig. Man füllt den oberen Sack mit Moos und der anhängenden Erde, oder mit dürrem Laub und etwas Erde, oder mit unterem Gesträuch und dem daran hängenden vegetabilischen Moder, schüttelt tüchtig und nachdem man 5—6 Füllungen des oberen Sackes durchgeschüttelt hat, bindet man den unteren Sack ab, breitet Erde und Moder auf einen grossen hellen Papierbogen, etwa eine Zeitung von grossem Format, aus und durchsucht geduldig, da so Manches, namentlich auch kleine Scheerenspinnen, sich erst relativ spät aus der Erde hervorarbeiten.

Höchst wichtig und ergiebig ist das Suchen unter Steinen und sei man gleich aufmerksam auf die Unterseite des Steines, wie auf die aufgedeckte Fläche mit ihren Ausbuchtungen etc. Die vollen Gespinnste kann man untersuchen, nachdem man die rasch davonlaufenden Spinnen und Myriapoden in Sicherheit gebracht hat.

Unter Rinde findet sich vieles Wichtige, sowie auch unter den abgehauenen faulen und feuchten Baumstämmen. Man untersuche mit gleicher Sorgfalt die dem Boden nahe, wie die höhere Rinde. Hammer und Meissel habe ich immer weniger gebraucht, da ich gefunden habe, dass, je lockerer die Rinde ist, je mehr Spaltung, je weicher die Umgebung, desto reicher die Ausbeute unter der Rinde. Die Finger reichen daher gewöhnlich zum Ablösen der Rinde hin.

4. Aufbewahren der Thiere.

Die Thiere abgerechnet, welche man lebend beobachten will, und welche man in einer kleinen Schachtel oder einer geschlossenen Glasröhre mitnimmt, ist es am besten, die Thiere lebendig in Weingeist zu werfen und zwar ist starker Spiritus besser als schwacher. Eiersäcke der Laufspinnen (Lycosiden) werden besser in Spiritus aufbewahrt, eigentliche Gespinnste von Interesse am besten trocken in Gläschen und Schachteln. Den gewöhnlichen Ertrag einer Excursion legt man in grösseren Fläschchen, welche 8—10 Gramm, Spiritus enthalten, zusammen, hütet sich aber, sie zu sehr zu füllen da sich sonst die Thiere erweichen und faulen. Kleine Spinnen sind, ausgewachsen, oft noch interessanter als die grossen Arten. Der nicht sehr Geübte kann oft unausgewachsene Thiere von reifen nicht unterscheiden, daher beim Sammeln noch kein Unterschied zu machen ist. Von der gleichen Art nehme man nur in interessanten und besonders in hohen Lokalitäten Alles was man findet, sonst nehme man von den häufigen Arten nicht zu viel, namentlich sei man sparsam mit der gewöhnlichen Kreuzspinne (Epeira diademeta Cl.), an ihrem bekannten aus gelblichen Flecken zusammengesetzten Kreuz auf dem Rücken zu erkennen, jedoch sind auch von dieser die dunklen alpinen Varietäten von Interesse. Auch die ihr nahe stehende grosse und dickleibige Epeira quadrata nehme man nicht in grosser Zahl, namentlich nicht die gemeinen Weibchen, während jedes Männchen von Werth ist. Zahlreiche reife Männchen sind überhaupt die Zierde einer Spinnensammlung. Alle Hausspinnen, besonders die grösseren Arten sind bis zu den Sennhütten hinauf in geringer Zahl zu nehmen.

Seltenere Arten, Spinnen von wichtigen Lokalitäten, bei jeder Excursion des Alpine über 2000 Meter Gesammelte ist in besondere Gläschen oder gut verkorkten Glascylindern mit Spiritus zu sammeln.

Von höchster Wichtigkeit ist das richtige Etiquettiren. Iedes Fläschchen oder Gläschen sei mit einer gummirten Etiquette versehen, auf welche man die Localität und den Monat oder das Datum der Excursion notirt, — z. B. Albula 15. VI. — Piz Languard VII. nahe der Spitze etc. Sonstige nach interessanten Excursionen niedergeschriebene Notizen sind sehr nützlich und verdankenswerth. Ueberall sind Höhenangaben äusserst erwünscht und nützlich.

Will man die gesammelten Spinnen schön erhalten, so ist es gut, mehrmals den Weingeist zu wechseln. Ist ein Fläschchen zum Absenden bereit, so stopft man in den oberen Theil einen Wattepfropf, jedoch nicht zu fest, wodurch Schütteln verhütet wird. Das Einpacken einer Sendung geschieht am besten in Werg oder Sägespänen.

5. Einiges über die Lokalitäten, in denen zu sammeln ist.

1) *Bebautes Land*, Felder, Feldränder, nahe Gräben, Feldraine, Stoppelfelder, auch frisch umgepflügte Felder liefern Einiges interessante.

2) *Sandboden* flach, an Abhängen, am Rande von Wäldern, mit Gräsern und sonstiger Vegetation bewachsen, bietet besonders, von warmer Frühlingssonne beleuchtet, einige schöne Arten, namentlich auch Springspinnen (Attiden).

3) *Gärten* liefern viel Schönes, sowohl beim Suchen wie beim Klopfen, besonders auch cultivirte Nadelhölzer, Taxodien, junge

Eichen etc., aber auch Blumengruppen, Cannagruppen, Gräser an Teichen, in Gärten, Teichwänden und Schlamm der nächsten Umgebung, Gartenzäune, Gewächshäuser, Kalt- und Warmhäuser bieten neben vielem Gemeinen manches sehr Schöne. Zu sorgfältig gehaltene Gärten und Parkanlagen sind aber ärmer als die freie Natur, was ich um die grossen Schlösser der schlesischen Magnaten herum vielfach zu finden Gelegenheit gehabt habe.

4) *Weinberge* sind im Ganzen arm, wenn nicht andere Vegetation dazwischen wächst; unter den Steinen der Weinbergmauern aber finden sich schöne Spinnen und Myriapoden. Einträglicher ist das Suchen an Weinspalieren, wie an Spalieren überhaupt, diese sind selbst den sonst an Spinnen armen Obstbäumen gegenüber, als Obstspaliere ergiebiger.

5) *Holzschuppen* und Holzstösse sind nicht gerade reich, aber stets im Vorbeigehen zu durchsuchen, besonders gefällte Baumstämme mit noch lockerer, nicht vertrockneter Rinde; unter der der Nussbäume habe ich besonders Interessantes gefunden; faules Holz ist stets um so mehr zu durchsuchen, je weniger trocken es ist; Spalten, Fugen von Gebälk sind anzusehen.

6) *Häuser* sind wie erwähnt, wenig ergiebig, besonders sind die gewöhnlichen Deckenspinnen (Tegnaria civilis und domestica) zu meiden, dagegen finden sich in Häusern, in Kellern gute kleinere Arten (Linyphien etc.). Auch Aelplerhütten sind relativ wenig ergiebig; besser sind mitunter verlassene Häuser und Hütten, namentlich aber auch altes Thurmgemäuer mit der ihm eigenen Vegetation.

7) *Wiesen* der Ebene, des Vorgebirges, Waldwiesen, Wiesen frisch urbar gemachten Waldes, Alpenwiesen sind um so ergieber für Suchen und Käschern, selbst Klopfen, je reicher noch ihre Vegetation, daher in den Alpen ein grosser Unterschied vor und nach dem Weiden des Viehes. An den Halmen, auf Blumen sieht man manches Gute, auf Umbelliferen relativ viel weniger als Käfer.

8) *Wald* ist äusserst ergiebig, gut sind ausser dichtem Wald auch Waldrand, Rand von Waldwiesen, Moorgrund im Walde, Vorgehölz, kleine Nadelhölzer, sowie im Walde kleine Bäumchen neben grösseren besonders zum ergiebigen Klopfen geeignet. Alle Nadelhölzer sind sehr ergiebig. Ueber *Zirbeltannen* (Pinus cembra) habe ich noch keine Erfahrung; über diese im Engadin bis über 2300 Meter so herrlich und reich vertretenen Alpencedern wären mir *spezielle Beobachtungen von grösstem Interesse;* schöne Gehölze von Arven finden sich sonst noch mehrfach in den Graubündner Hochthälern;

herrlich sind z. B. diejenigen des Julier oberhalb Silvaplana. Von dort Gesammeltes würde eine bedauernswerthe Lücke meiner sonstigen Erfahrungen über die Ergiebigkeit der Schweizer Nadelhölzer ausfüllen. Gemischter Wald von Laub- und Nadelholz ist sehr ergiebig, von Laubholz ist die aufsteigende Progression nach meinen bisherigen Erfahrungen: Birken, Buchen, junge Eichen, besonders in Gesträuch. — Nussbäume bergen unter der Rinde Interessantes. Im Walde sind *Heidekraut* und Heidelbeersträucher reich; erstere, ganz besonders auch Humusmoder, an der Basis dieser Kräuter. Sehr interessant wären mir Angaben und Untersuchungen über Rhododendrongebüsch, über die ich bisher nur Unvollkommenes besitze, Waldsümpfe und ihre Umgebung sind reich, ebenso Waldlichtungen; auch abgehauene und feuchte faule Baumstumpfe, deren Rinde man bis auf die noch gesunden Wurzeln mit Erfolg abschälen kann, sind zu durchsuchen.

9) *Der Boden* überhaupt birgt zu manchen Iahreszeiten, Frühjahr und Herbst, fast ebensoviel wie die Vegetation, besonders gut zu durchsiebendes abgefallenes Laub, Nadelholz und Nadelgemisch, vor Allem aber Moos, das in seinen tieferen Lagen und in dem daran heftenden Humus und in der nächsten leichten Erde am reichsten ist, namentlich auch an schönen Myriapoden.

10) *Sumpf* ist sehr ergiebig, als gewöhnlicher, wie auch besonders als Torfsumpf und die Vegetation sowohl wie der Boden, die Sphagnumgeflechte, Gräser, Binsen, Riedgras, Schilf; reich ist *Ledum palustre*; über Andromeda, welches auch selten massenhaft vorkommt, fehlt mir die Erfahrung. Die höheren Gräser kann man klopfen, die niederen Pflanzen käschern, den Boden sieben. Sumpfgräben mit jedem Flüssigkeitsgrad sind wichtig, sowie auch die Vegetation ihrer Ränder.

11) *Fliessendes und stehendes Wasser.* Am Ufer der Flüsse, an Flussmündungen, im Schlamm, auf Kiesbänken des Randes, der Inseln, sowie in den sie bewohnenden Pflanzen ist mit gutem Erfolg zu suchen. Sehr interessant ist die hier grabende sehr grosse Laufspinne Arctosa hallodroma, deren Männchen Ende Mai, die Weibchen im Iuni reif sind. In Teichen und Tümpeln, sowie in vegetationsreichen Wassergräben findet sich auch Manches Brauchbare, unter anderem die interessante Argyronete aquatica. Die Pirata-Arten der Flussränder, Tümpel und Sümpfe sind mit Sorgfalt zu suchen; sie laufen auf Wasserpflanzen munter umher. Nimmt das Wasser ab, so kommt nicht selten ein ergiebiger Moment für das Sammeln.

12) *Felsen,* anstehende, wie erratische Blöcke zeigen manche wirklich interessante Bewohner, sowohl auf den Felsen selbst, wie in Fugen, Spalten, Löchern, unter überhängenden Theilen, auf und unter Moos, sowie in seiner nächsten Umgebung.

13) *Gebirgsformationen* sind von entschiedenem Interesse. Das Urgebirge, das Kalkgebirge hat seine Eigenthümlichkeiten, darin wieder die Unterabtheilungen; so haben Porphyr und Granit, Dolomit und Gyps, neben gemeinschaftlicher, wieder merklich verschiedene Fauna. Ganz besonders reich habe ich in den Alpen für Thier- und Pflanzenleben und speziell auch für Spinnen Lokalitäten des Ueberganges verschiedener Formationen in einander gefunden. Kurze geologische Angaben wären unter solchen Umständen sehr dankenswerth.

14) *Alpen,* über 2000 Meter, bieten im Iuli die reichste Ausbeute, aber auch schon vorher und besonders nachher bis in den Herbst hinein ganz besonders *Wichtiges und Interessantes.* Beim ersten Erwachen des Tierlebens sieht man viele Spinnen umherlaufen, jedoch ziehen sie sich immer mehr unter den Blumenteppich und unter die Steine zurück, wo man sie sehr sorgsam suchen muss. Von ganz besonderem Interesse sind die Ränder von Hochalpenseen.

15) Von grösster Wichtigkeit sind alle Grottenspinnen. Ich habe in den Salinen von Bex sehr Wichtiges gesammelt. Grottenspinnen sind in besonderen Gläschen mit genauer Bezeichnung zu sammeln und sind Localangaben um so dankenswerther, je ausführlicher sie sind.

16) *Sammlungen,* Herbarien, Museen, Bibliotheken endlich bergen sehr interessante Scheerenspinnen, welche uns sehr nützlich sind, da sie von den so verderblichen Staubläusen leben, daher wir diese zierlichen Chernetiden gern mit einem Platze in unseren Spinnensammlungen belohnen.

Vevey, den 3. Januar 1875.

H. Lebert,
Professor.